PRÉCIS

HISTORIQUE ET ADMINISTRATIF

DE LA CAMPAGNE

D'AFRIQUE.

Les dessins qui font suite à ce Précis sont extraits de la collection des vues du théâtre de la guerre en Afrique, que M. Eugène Isabey publie en ce moment sous le nom de *Panorama d'Afrique.*

PARIS. — IMPRIMERIE ET FONDERIE DE FAIN, RUE RACINE, N°. 4,
PLACE DE L'ODÉON.

PRÉCIS

HISTORIQUE ET ADMINISTRATIF

DE LA CAMPAGNE

D'AFRIQUE.

PAR

LE BARON DENNIÉE,

INTENDANT EN CHEF DE L'ARMÉE D'EXPÉDITION.

Ce n'était pas assez des privations de toute espèce que l'armée éprouvait ; il semblait encore qu'après un succès si complet, le sort de cette armée fût de voir sa gloire constamment rabaissée.

(*Page* 66.)

Paris.

DELAUNAY, LIBRAIRE,

PALAIS-ROYAL.

1830.

PRÉCIS HISTORIQUE
ET ADMINISTRATIF
DE
L'EXPÉDITION D'ALGER.

La question de l'expédition d'Alger avait été traitée depuis long-temps par une commission composée d'officiers de la marine et d'officiers de l'armée de terre, lorsque, dans le mois de février 1830, le ministère, songeant sérieusement à l'accomplissement de ce projet, voulut s'éclairer des lumières de M. le vice-amiral Duperré, qui reçut l'ordre de se rendre de Brest à Paris.

Plusieurs conférences eurent lieu chez le ministre de la guerre (1), et plus d'une fois

(1) MM. l'amiral Duperré, le lieutenant-général Desprez; les officiers généraux Valazé et Lahitte, l'intendant en chef Denniée, le contre-amiral Mallet; le capitaine de vaisseau Hugon, M. le directeur de la comptabilité Martineau. (De plus, le ministre avait appelé à quelques conférences préparatoires M. le sous-intendant militaire de Sermet.)

les observations de M. l'amiral Duperré ont dévoilé les difficultés de toute espèce dont cette expédition était hérissée, et fait voir surtout les fatales conséquences qui pouvaient résulter pour la France de la non-réussite de cette entreprise.

M. l'amiral Duperré, en abordant nettement les questions, élevait les obstacles en marin qui, sans redouter les chances capricieuses de la mer, ne voulait cependant donner que le moins possible au hasard.

Le calme et la gravité des réflexions de l'amiral contrastaient souvent avec le zèle ardent et confiant que l'on montrait d'un autre côté pour l'expédition; et pourtant, il faut le dire, l'événement a justifié la prudence des uns et la confiance des autres.

L'expédition a eu lieu, elle a été couronnée d'un plein succès; succès qui paraît plus prodigieux encore aux yeux de ceux qui ont touché cette plage poudreuse et brûlante, qui ont lutté contre tant d'obstacles, et qui surtout ont connu l'immensité des apprêts que commandaient les difficultés de cette entreprise.

PRÉPARATIFS.

L'expédition est résolue ; on pose le chiffre des différentes armes (1).

Les ordres sont donnés sur tous les points de la France, et, le 20 avril, 37,000 hommes, infanterie, cavalerie, artillerie, génie, etc., et 4,000 chevaux seront réunis au point d'embarquement.

La marine, de son côté, armait les vaisseaux, frégates et corvettes qui devaient rallier l'escadre dans la rade de Toulon, et s'assurait des 400 navires du commerce destinés au transport des hommes, des chevaux et des bagages [A].

Vers le 15 février je reçus l'ordre de

---

(1) Effectif de l'armée :

États-majors.	110 h.	246 ch.
Infanterie.	30,410	219
Cavalerie.	539	493
Artillerie.	2,815	1,246
Génie.	1,345	117
Train des équipages militaires.	882	1,302
Ouvriers d'administration. .	688	»
Gendarmerie.	113	31
Officiers d'administration et employés.	429	354
Total. . .	37,331	4,008

diriger les préparatifs de l'expédition sous le rapport des besoins de l'armée ; cependant ma nomination aux fonctions d'intendant en chef de l'armée expéditionnaire fut retardée, parce que je mettais à mon acceptation des restrictions que mes amis ont connues (1).

Toutefois je ne m'en livrai pas moins, sans perte de temps, aux soins qu'exigeait cette mission ; et, je dois le dire, toutes mes prévisions ont été conçues en présence d'un souvenir qui expliquera suffisamment à quel point ces prévisions ont dû être attentives.

« Si vous faites jamais cette expédition,
» m'avait souvent répété l'amiral de Rigny,
» souvenez-vous que cette côte stérile n'of-
» frira pas même de litière à vos chevaux,
» et que la mer, si capricieuse dans ces
» parages, submergera plus d'une fois vos
» embarcations. »

La tâche était d'autant plus difficile que le temps pressait davantage. Je me dégageai donc des lenteurs inséparables des formes bureaucratiques en soumettant directement au ministre mes propositions, dont

(1) Nommément le maréchal comte Gérard.

l'exécution était ensuite livrée aux bureaux spéciaux.

On arrêta, dans l'une des conférences, que l'armée emporterait avec elle deux mois de vivres, et qu'elle serait immédiatement suivie d'un pareil approvisionnement.

Cependant nous étions au milieu de février, et deux mois restaient à peine pour réaliser nos préparatifs. Dans cette occurrence, après avoir mûrement discuté la question du mode de fourniture des vivres, le ministre de la guerre prit en dehors de ses bureaux une décision qui se terminait par ces mots [B] :

« Ayant adopté ce dernier mode (celui » d'achat à commission), il ne s'agit plus » que de faire choix d'une maison qui pré- » sente toutes les garanties désirables sous » les rapports des moyens d'exécution, de » la moralité, du crédit et de la considéra- » tion publique. »

Je consultai confidentiellement l'un des membres de la maison Delessert; certain, à défaut du concours de sa maison, de puiser près de lui d'utiles avis.

La maison Seillière fut désignée ; ce choix resta toutefois secret pendant douze à quinze jours dans l'intérêt de l'économie et du succès de l'opération (1).

Ce point réglé, le service des hôpitaux et celui des transports ne réclamaient pas des soins moins pressans. Je proposai, et le ministre adopta, l'établissement de constructions mobiles couvertes en toile imperméable propres à former des hôpitaux (2).

L'abri créé, je présentai au ministre un modèle de lit en fer, à fond sanglé, du poids

---

(1) On présentera plus tard le chiffre de liquidation totale des achats faits par la maison Seillière.

N. B. M. le sous-intendant militaire Bruguières, reçut l'ordre de parcourir l'Espagne et les îles Baléares, non-seulement afin de reconnaître les ressources que pourraient offrir ces contrées, mais encore dans le dessein d'obtenir un point de comparaison pour le contrôle des achats que la maison Seillière aurait pu faire sur ces différens points. (Décision ministérielle du 28 mars). De plus, sentant l'importance d'avoir entre la côte d'Afrique et la France un établissement intermédiaire sur lequel on évacuerait facilement les malades et les blessés, M. Bruguières fut spécialement chargé de lever les difficultés que l'Espagne pourrait opposer à l'établissement de nos hôpitaux à Mahon.

(2) Ces constructions mobiles étaient établies dans la proportion de quinze cents malades.

Elles offraient l'aspect de hangards de la largeur de seize pieds, et d'une longueur indéfinie; elles ont été scindées de manière à former des salles de cinquante lits.

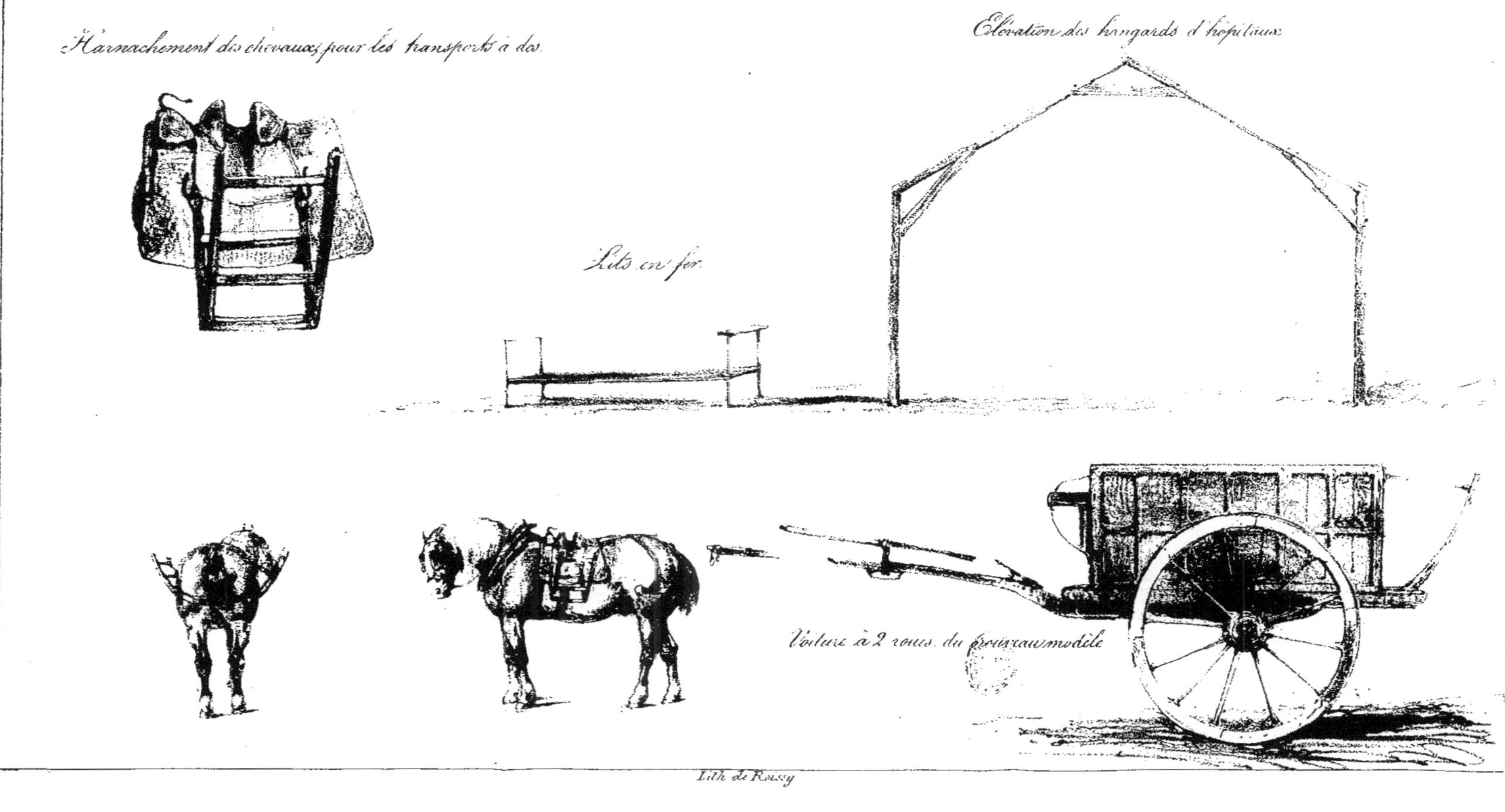

Lith de Roissy

de dix-huit kilogrammes; nous emportâmes avec nous trois mille de ces lits avec leurs matelas, leurs couvertures et leurs draps (1).

A l'égard des moyens de transports, il ne fallait pas perdre de vue que l'intérieur du pays, que l'armée allait aborder, n'était connu que par la relation du capitaine Boutin (2), et nullement par les descriptions de Schaw, de Schleyer, ou les autres ouvrages que l'on pouvait consulter.

Cette incertitude sur la nature du terrain (incertitude qui s'explique, parce que jamais en effet il n'avait dû prendre fantaisie à un voyageur d'aller courir d'Alger à la plage

---

(1) *Planche n°.* 1. Hangards, lits en fer, etc.

N. B. Le gouvernement espagnol ayant consenti à la formation de nos hôpitaux dans l'île de Minorque, M. de Limoges, sous-intendant militaire, eut la mission de se rendre à Mahon, et d'y prendre les mesures nécessaires pour l'installation d'un hôpital de deux mille malades; mission qu'il a remplie de la manière la plus satisfaisante. On envoya de Marseille à Mahon, sur trois navires de commerce, un personnel nombreux et un matériel considérable, notamment mille lits en fer et quinze cents fournitures complètes.

(2) La relation du capitaine Boutin est pleine d'intérêt; non-seulement il avait parfaitement jugé le point de débarquement, mais encore il avait tracé la marche de l'armée et le côté vulnérable de cette offensante cité.

stérile de Sidy-el-Ferruch), me fit songer à employer aux transports de l'armée une espèce de caisson dont l'attelage à deux fins donnerait tour à tour des voitures dans les parties praticables, et des bêtes de somme dans les passages les plus difficiles.

On adopta le modèle d'un caisson à deux roues, à timon et à pompe (1), et cent vingt-huit de ces caissons furent construits en moins de vingt jours.

Le harnachement des chevaux ou mulets affectés à leur attelage était combiné de telle sorte, que la sellette pouvait recevoir deux crochets destinés à supporter les fardeaux pour les transporter à dos (2). Toutefois nous ne renonçâmes pas aux caissons à quatre roues.

Les équipages militaires furent composés de 128 caissons à quatre roues.
128 caissons à deux roues.
654 chevaux de trait (tous de 6 à 8 ans).
Et de 626 mulets de bât (3).

---

(1) *Planche* 2.

(2) *Idem*.

(3) MM. les sous-intendans Fontenay et Behagel furent envoyés à Commercy et à Valence pour la réception des chevaux et des mulets.

Pendant que toutes ces choses se préparaient, la maison Seillière devait pourvoir à de nombreux achats pour les deux mois de la première commande (1); mais elle rencontrait de graves difficultés pour le service des fourrages, non-seulement en raison de la pénurie de la récolte, mais encore par le manque absolu de machines hydrauliques propres au pressage du foin, et pourtant il fallait trois mois d'approvisionnement (2).

---

(1) 1,777 qx. ms. de farine blutée à 22 pour cent, pour pain d'officier et d'hôpital.
5,280 de biscuit.
5,333 de farine blutée à 10 pour cent.
360 de riz.
720 de légumes secs.
400 de sel.
1,500 de bœuf salé.
1,200 de lard salé.
1,000 bœufs, 500 kil. bruts chaque, à réunir dans le port de Cette.
9,000 hect. de vin.
188 d'eau-de-vie.
14,400, qx. ms. d'avoine ou d'orge.
14,400 de foin pressé.
28,800 de paille.
10,000 de bois.
8,000 de charbon-de-terre.

(2) Un pour la consommation présumée de la traversée, et deux après le débarquement. On fit éta-

On organisa le campement;

On pourvut l'armée d'outils;

On fit confectionner des tonnelets et des bidons (1);

On distribua aux troupes trente-cinq mille ceintures de laine, dont l'usage est si salutaire sous le ciel où l'armée était destinée à bivouaquer;

On fabriqua vingt-un fours en fer battu, qui devaient servir, et qui ont servi aux premiers besoins;

On emporta quatre mille cinq cents caléfacteurs destinés à la cuisson des alimens, et installés de manière à recevoir la marmite de huit hommes (2);

On essaya de quelques milliers de rations de biscuit gélatiné, fabriqué d'après le

---

blir des presses à Paris; on en acheta en Angleterre (c'était un mobilier indispensable au département de la guerre) et l'on utilisa toutes celles dont le commerce du Midi fait usage pour la fabrication des huiles.

(1) On a substitué très-heureusement au bidon en fer-blanc le tonnelet en bois; mais ce tonnelet, dont la forme est ronde, serait préférable si elle était un peu aplatie à l'instar de ceux dont les Anglais font usage.

(2) Les caléfacteurs de M. Demarre devenaient fort utiles au moment où l'armée allait manquer de bois à brûler.

procédé et sous la direction de M. Darcet;

On comprit, dans les approvisionnemens du service des hôpitaux, trois mille kilogrammes de tablettes de bouillon;

Enfin, on organisa le personnel de tous les services, et l'on forma un bataillon des ouvriers d'administration.

Mais si les ordres de Paris avaient mis tout en mouvement, c'est à Marseille qu'il fallait se transporter pour avoir une idée de l'activité avec laquelle ils étaient exécutés (1).

---

(1) En me rendant à Marseille, je visitai nos établissemens de Valence et d'Arles, et je m'assurai de la marche de nos convois.

N. B. Le port de Marseille avait été spécialement affecté à l'administration, et c'est là que les bâtimens du commerce, nolisés par la marine pour le transport de notre matériel, étaient réunis. Ces bâtimens, au nombre de quatre cents, y compris les bâtimens-écuries, ont formé l'escadrille du convoi, sous le commandement supérieur de M. le baron Hugon. Il avait détaché à Marseille M. le lieutenant de vaisseau Dubreuil et M. de Saint-Laurent, pour surveiller et diriger tous les travaux; il est impossible d'imaginer plus d'ordre, plus de précision, plus d'activité, plus d'empressement et plus d'harmonie. Chacun à l'envi rivalisait de zèle; MM. les sous-intendans en donnaient les premiers l'exemple, et c'est justice que de répéter ici que les employés de tous les services administratifs, sans exception, servaient avec une activité peu commune.

Le 1er. du mois de mai, 78,645 sacs, tonneaux, barils ou colis à double enveloppe imperméable, renfermant les deux mois d'approvisionnement, étaient reçus et embarqués à Marseille (1), et les caissons démontés placés sur les navires du commerce.

On profita du séjour à Marseille pour arrêter les mesures administratives qui devaient avoir leur application au moment du débarquement.

C'est ainsi qu'une commission fut char

---

(1)

11,194	farine.
7,300	biscuit.
1,200	biscuit gélatiné.
2,467	riz, légumes et sel.
2,870	viande salée.
4,772	vin et eau-de-vie.
10,500	charbon.
25,117	fourrages.
95	fours en tôle.
	180,000 briques pour 12 fours.
112	outils et ustensiles d'administration.
2,578	3,000 lits en fer.
	4,000 bouteilles de chlorure, 7 kil. de kinine.
	Baraquement pour 1,500 lits.
10,400	4,840 tentes, couvertures, ustensiles, outils de campement pour 40,000 hommes.
40	30,000 ceintures en flanelle.
78,645	

gée d'établir un tarif des monnaies algériennes;

Qu'une commission sanitaire fut formée;

Qu'une instruction sur le service des ambulances et des hôpitaux pendant la campagne, reçut la sanction du général en chef (1);

Et enfin, qu'une instruction sur le service auquel l'intendance était appelée, fut adressée par moi à MM. les sous-intendans militaires (2). (2e. partie.)

Bientôt les navires chargés des divers approvisionnemens sont ralliés aux îles d'Hières; et la rade de Toulon voit flotter les 100 vaisseaux de la marine royale et les 250 navires qui portaient une partie de la 3e. division et la totalité des chevaux (3).

Le 12 l'embarquement des troupes commence, et, le 18 mai, 64,000 hommes et les 4,000 chevaux composant les deux armées (4) attendaient les vents favorables.

L'ordre du jour de la marine, du 25 mai,

---

(1) Cette instruction a reçu la sanction du ministère.

(2) Instruction du 3 mai lithographiée.

(3) Les 400 navires, affrétés par la marine, se divisaient en trois séries portant des numéros et des guidons de couleurs distinctives.

(4) L'armée navale et l'armée d'expédition.

indiquait les dispositions arrêtées par M. l'amiral.

« M. le commandant baron Hugon est » chargé de la direction supérieure du dé» barquement ; il montera soit le bateau à » vapeur *le rapide*, soit son canot ; les » signaux partiront de l'un ou de l'autre ; » ils seront l'objet de l'attention des officiers » qui s'y conformeront exactement (1). »

De mon côté, j'avais pris les mesures qui pouvaient garantir autant que possible l'ordre si nécessaire dans le mouvement au milieu duquel l'armée devait se trouver. A cet effet, j'avais adressé à MM. les sous-intendans et chefs de service un ordre qui assignait la place de chacun au moment du débarquement [c] ; et à MM. les employés d'administration un ordre pour prescrire aux uns et aux autres leurs devoirs pendant la traversée [d].

Enfin, il fut décidé que chaque officier, sous-officier et soldat recevrait en débarquant, et par les soins de la marine, une certaine quantité de vivres dont les propor-

(1) L'escadre n'ayant mis à la voile que le 25, je fis ravitailler de dix jours de fourrages les bâtimens-écuries, au moyen d'un approvisionnement de précaution que j'avais en réserve à Toulon.

tions furent réglées avant le départ [E].

Nonobstant cette disposition il fut arrêté que, concurremment avec le débarquement de la 1re. division, on mettrait à terre 400,000 rations de toute espèce; et, concurremment avec la 2e., 400,000 autres rations qui avaient été chargées à Marseille sur huit bateaux-bœufs ou tartanes, et sur huit navires du commerce; et que nous serions rejoints par dix navires partant de Cette, chargés de deux cents bœufs, indépendamment de deux navires, *la Diligente* et *la Vittoria*, chargés d'une section d'ambulance composée de deux cents lits en fer avec leur hangard, de dix-neuf fours en tôle, et d'une masse considérable d'effets d'hôpitaux et de campement, sans compter les bâtimens de l'état, *la Couronne*, *l'Iphigénie* et *le Rhône*, qui portaient les ambulances de premiers secours destinés à être débarqués avec les troupes des 1re. 2e. et 3e. divisions (1).

Il fut également arrêté qu'immédiatement après le débarquement des troupes, on mettrait à terre, en même temps qu'une partie de l'artillerie, quatre cent cinquan-

(1) *La Diligente* portait les ambulances du quartier-général, et celles des parcs de l'artillerie et du génie.

te-six chevaux ou mulets, et une partie des caissons à deux roues du train des équipages militaires (1).

DÉPART.

Le 25 mai, à quatre heures huit minutes après-midi, l'armée se mit en marche, ordre naturel sur colonnes :

A droite, *le Trident* (contre-amiral de Rosamel);

Au centre, *la Provence* (pavillon amiral);

A gauche, le convoi commandé par le baron Hugon;

Et à l'extrême droite les navires du commerce, qui portaient le complément des troupes de la 3e. division.

Une partie des bâtimens-écuries et une partie de ceux chargés des approvisionnemens ne devaient partir que vingt-quatre et quarante-huit heures après l'armée pour rallier à la côte d'Afrique.

---

(1) On avait donné la préférence, pour le premier débarquement, aux voitures à deux roues, non-seulement parce qu'elles se manient beaucoup plus facilement que les caissons à quatre roues dans les sables, mais encore parce que, dans l'hypothèse où on n'aurait pas pu utiliser les voitures, le harnachement des chevaux de leurs attelages comportait de les employer à des transports à dos.

Le 25 au soir, le bateau à vapeur *le Sphinx* reconnut la frégate *la Duchesse de Berry* ; cette frégate, commandée par M. de Kerdrain, escortait une frégate turque, montée par Taher-Pacha [F].

Le 30, dans la matinée, on signala la côte d'Afrique dans le sud à toute vue, la mer était forte et houleuse, et quelques bâtimens du convoi avaient été séparés de la flotille; le soir, à sept heures, on revira de bord pour rallier l'escadre dans la baie de Palma.

Nous y arrivâmes le 2 juin à trois heures après-midi, pour ne la quitter que le 9 au soir.

Pendant la semaine que nous passâmes dans la baie de Palma, nous ne communiquâmes avec aucun des bâtimens de l'escadre ; mais nous utilisâmes ce temps à ravitailler en fourrages les bâtimens-écuries, au moyen d'approvisionnemens que j'avais par instinct fait réunir sur ce point (1).

---

(1) Il est à remarquer que plusieurs bâtimens chargés de chevaux sont restés 46 jours en mer, bien que les prévisions indiquées par la marine elle-même n'eussent évalué le terme le plus long du trajet qu'à 30 jours. Heureusement j'avais été en mesure, à Toulon et à Palma, de ravitailler de vingt jours les bâtimens-écuries.

C'est encore là que rallièrent les bâtimens partis de Cette, chargés des mille bœufs.

Le séjour dans la baie de Palma fut diversement interprété par ceux de l'armée de terre, qui se livraient à mille conjectures auxquelles la visite de Taher-Pacha fournissait encore un aliment.

Le 9 juin, l'armée se mit en marche dans un ordre admirable et non interrompu, et, le 12 au soir, on signale la côte.

C'était un spectacle magique que la vue des bateaux à vapeur circulant dans tous les sens, et faisant l'office d'aides de camp du vaisseau amiral.

Le 13, à quatre heures du matin, après avoir fait le commandement de branle-bas de combat, l'amiral et l'état-major de terre

---

Nous n'éprouvâmes pendant la traversée qu'une perte de six à huit chevaux, et tous les autres arrivèrent en bon état à la côte. Il en a été de même des mille bœufs embarqués à Cette.

Ce débarquement, sans accident, a quelque chose de merveilleux.

Au surplus, cette expédition, remarquable sous tant de rapports, l'est encore par un fait bien mémorable ; c'est que, pendant un mois d'embarquement, les soixante et quelques mille hommes composant les deux armées n'ont pas eu plus de deux cents malades.

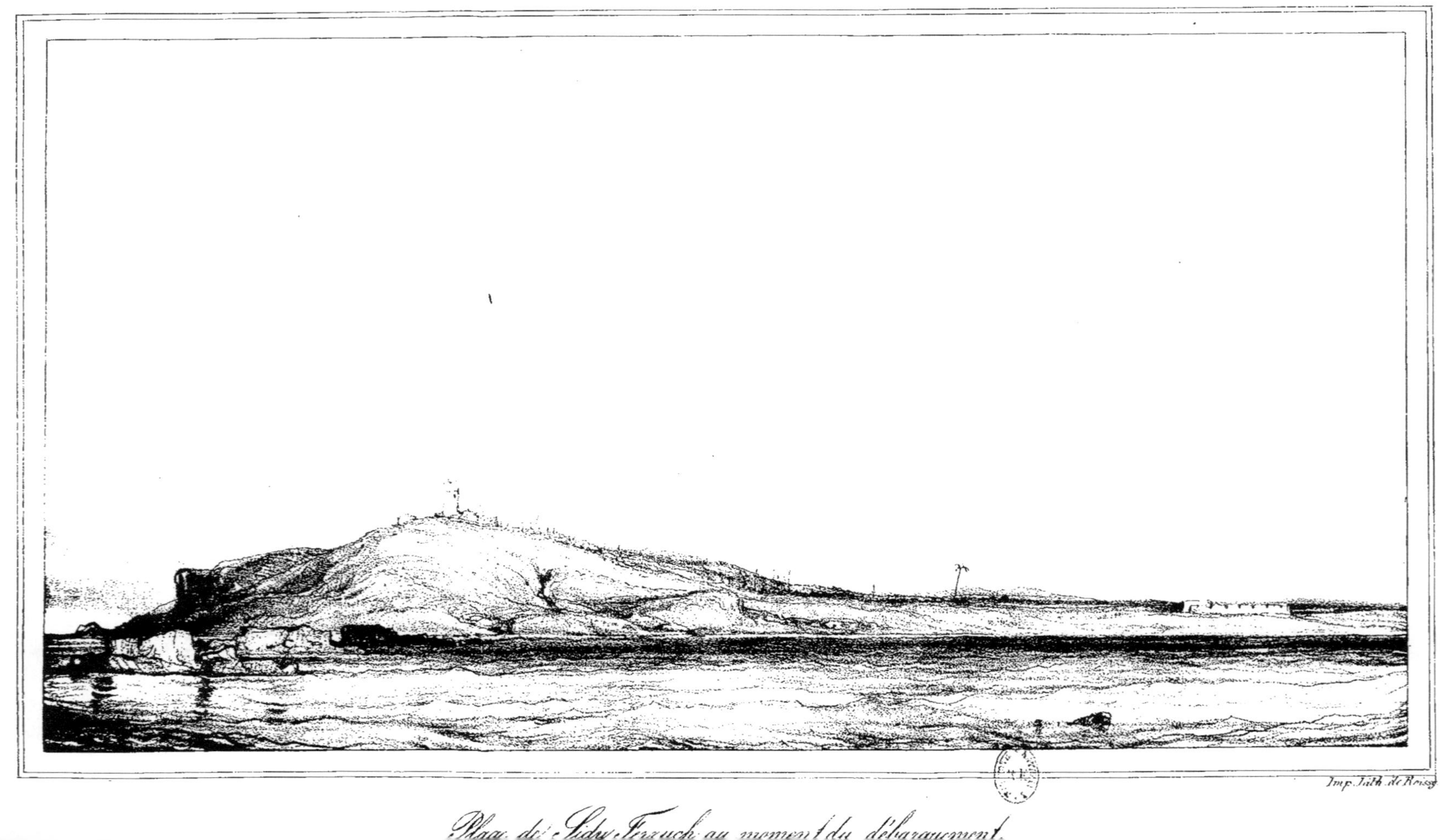

Imp. lith. de Roissy

Plage de Sidy-Ferruch au moment du débarquement.

et de mer montèrent sur la dunette; c'est alors que M. l'amiral donna ordre au brick *le Dragon* (capitaine Le Blanc), et à *la Cigogne* (capitaine Barbier), d'approcher la côte pour reconnaître le sondage.

Nous étions persuadés alors que la côte était hérissée de batteries, et que les apprêts d'une vigoureuse défense nous attendaient. Cette situation avait quelque chose de solennel, toutes les lunettes étaient braquées sur la côte; on n'y apercevait aucun mouvement, à travers les broussailles qui la couvrent. Cette absence de toute démonstration hostile semblait cacher quelque embûche.

Cependant on approcha la terre sans coup férir, et le 13 fut employé à prendre position. Vers le milieu de la journée, on aperçut un assez grand nombre de Turcs parcourant à cheval les bords de la mer; et l'on reçut quelques coups de canon des batteries masquées par les broussailles, dont le bateau à vapeur *le Nageur* (capitaine Louvrier) fit bientôt cesser le feu.

DÉBARQUEMENT.

Le 14, à quatre heures du matin, le général en chef et l'état-major s'embarquèrent sur le canot-amiral et abordèrent au rocher de la pointe de Torre-Chica, au moment même où les chalans, chaloupes et canots des autres bâtimens, mettaient à terre les troupes de la 1re. division.

Il y avait un mois que nous étions séparés; et, bien que la vie de chacun n'eût été animée par aucun épisode piquant, on se recherchait, on s'interrogeait, on se revoyait avec joie sur cette plage aride et déserte, que l'armée ne devait plus quitter sans avoir accompli une entreprise dans laquelle, avant nous, toutes les expéditions avaient échoué.

Le débarquement de la 1re. division s'opéra sans obstacle; mais le général en chef, s'étant porté en avant à travers les broussailles, fut accueilli par le feu d'une batterie, dont on ne tarda pas à s'emparer.

Pendant notre séjour à Alger, nous avons su que le dey, plein de confiance dans la supériorité de ses forces, avait donné l'ordre de ne s'opposer en aucune manière à notre débarquement, assuré (selon son expression) que pas un Français ne rapporterait en Europe la nouvelle de la destruction de l'armée.

L'ennemi, dans la croyance que toutes

nos forces étaient à terre, engagea donc, après le débarquement de la 1re. division, un feu de batteries assez mal nourri; mais je laisse à une autre plume le soin de décrire les événemens militaires.

Du point de débarquement, le pays offre l'aspect d'un amphithéâtre qui s'élève lentement vers le sud-ouest, et dont la pente est tourmentée par un nombre infini de petits monticules ballonnés, couverts d'arbousiers, de lentisques et de plantes rampantes qui croissent sur un sol d'un sable noirâtre, mouvant et impalpable.

La partie la plus avancée de la presqu'île dans la mer présente seule quelques traces de culture vers le pied de la colline, sur laquelle on aperçoit le tombeau du Marabout (1).

L'armée ayant pris position, le génie s'occupa sur-le-champ de tracer la ligne du camp retranché.

La division du terrain s'opéra, et l'administration reçut la portion que réclamaient les besoins de son service.

C'est là que des fanions de diverses couleurs devaient indiquer l'emplacement où

---

(1) *Planche* 3.

les barils, les caisses et les ballots ont été amoncelés par nature de denrées.

Le premier jour ne donna qu'un très-petit nombre de blessés, qui, après avoir été pansés dans la batterie de la plage, furent transportés sur les bâtimens de guerre.

Le premier bivouac fut rude, car ce qu'on a dit de l'humidité des nuits est, dans ces parages, encore au-dessous de la vérité (1).

Le 15 on commença à opérer le débarquement d'une portion des 20 jours de vivres, et d'une partie du matériel du premier convoi; et comme le personnel de l'administration était alors fort peu nombreux, le général Valazé me donna des ouvriers du génie pour hâter l'installation de douze fours en tôle, et pour commencer la construction d'une manutention de huit fours en briques de 500 rations (2).

---

(1) Nous avions emporté avec nous des sondes artésiennes; mais il suffisait d'ouvrir un fossé à un pied de profondeur sur la plage pour obtenir de l'eau potable. Il y avait de plus un puits abondant au Palmier.

(2) La *Vittoria* portait des briques, de la chaux et toutes les pièces en bois et en fer nécessaires pour l'établissement des fours.

Au surplus, le bon esprit qui animait l'armée offrait cela de remarquable, que, concourant tous à un but commun, et y apportant un désir égal de succès, l'artillerie, le génie et l'administration s'entr'aidaient réciproquement. En effet, dès le 16 je mis à la disposition du général Lahitte quelques toises de hangards des hôpitaux pour abriter les poudres.

Cet accord, cette harmonie, n'ont pas été un seul instant altérés, et plus d'une fois dans la campagne l'administration en a recueilli de précieux avantages.

Le 16 on commença à donner du pain frais, et dès le 17 les distributions régulières eurent lieu, bien que nous n'eussions pas encore à terre la totalité des 20 jours de vivres; quand le coup de vent du 16 faillit à nous enlever toutes nos ressources.

Dans ce funeste moment, l'existence de toute l'armée a été compromise.

Le vent poussait à la côte; des torrens de pluie inondaient le camp; les plus gros bâtimens filaient sur leurs ancres; les navires du commerce étaient menacés d'une perte prochaine, et les embarcations de vivres, luttant contre la lame, disparaissaient bientôt sous les flots. C'est alors que, lancés à la mer avec une incroyable célérité, les caisses de biscuits, les tonneaux de vin, d'eau-de-vie, de farine, de légumes; les balles de foin, les sacs d'orge et d'avoine, vomis avec la vague, venaient échouer sur le rivage. (C'est à cette fin que de doubles enveloppes imperméables avaient été données aux caisses et aux ballots.)

« L'aspect de la plage offrait le plus sinis-
» tre spectacle ; tout était désordre et con-
» fusion, et cependant, avant la fin du troi-
» sième jour, les approvisionnemens, dont
» le rivage avait été jonché sur une éten-
» due de plus de 2,000 toises, étaient clas-
» sés en ordre dans l'enceinte du camp
» retranché (1).

(1) Rapport du 26 juin au ministre de la guerre : « Des corvées rétribuées, tirées de nos divisions, et » huit cents marins, mis à ma disposition par M. l'a- » miral, ont été employés à classer les approvisionne- » mens par nature de denrées. Les magasins se sont » établis, mais l'ardeur d'un soleil, qui, en juin, » donne habituellement de vingt-six à vingt-huit de- » grés à l'ombre, fait travailler les futailles, et altère » inévitablement les salaisons. (Depuis la prise du » camp de Staoueli, j'ai paré autant que possible à » ces inconvéniens en utilisant, quelques-unes des » vastes tentes qui ont été prises.) »

Planche 4. Vue de la plage, après les coups de vent du 16 et du 26 juin.

Plage de Sidy Ferruch, après les coups de vent.

» Le débarquement continua les jours
» suivans, et, dès le 19, cette terre, na-
» guère sauvage, offrait l'aspect d'une ville
» bruyante, où des constructions de toute
» espèce s'étaient élevées, où de toutes parts
» on entendait retentir les forges, et où l'a-
» lignement prolongé des caisses, des barils
» et des tonneaux, formait des rues dans
» lesquelles on voyait circuler sans inter-
» ruption les voitures qui transportaient
» l'immense matériel de l'armée (1). »

C'est à Sidy-el-Ferruch, distant de six lieues d'Alger, que nous formâmes nos établissemens, afin d'alimenter l'armée jusjusqu'au moment où la ville serait en son pouvoir.

La 1re. et la 2e. division avaient pris position à une lieue environ du point de débarquement, et la 3e. division occupait le camp retranché.

Quelques redoutes étaient armées sur notre ligne, et des ouvrages de campagne protégeaient le front des divisions.

Depuis quelques jours, le mouvement que l'on apercevait du côté de l'ennemi, et les forces considérables qu'il avait mon-

---

(1) Planche 5.

trées, donnaient lieu de penser que l'attaque serait soudaine. En effet, le 19, à la pointe du jour, les postes avancés furent assaillis avec impétuosité, et les Turcs vinrent se faire tuer jusque dans les redans qui couvraient le front des divisions.

L'engagement fut vif, et l'armée, s'étant emparée du camp de Staoueli, poursuivait encore, à six heures du soir, les succès de la journée. Plus d'un fait d'armes a signalé cette belle journée, et donné la mesure de ce qu'on doit attendre d'une jeunesse qui marche avec une telle confiance et une telle intrépidité contre un ennemi qui, il faut le dire, est assurément redoutable (1).

---

(1) Extrait du rapport du 26 juin au ministre de la guerre.

« Les Turcs, les Arabes, les Bédouins, les Cabiles » fuient de toutes parts, et abandonnent le camp où » nous trouvons deux cents et quelques tentes, parmi » lesquelles se faisaient remarquer, par leur élévation » et par l'élégance de leur forme orientale, celles de » l'aga, du bey de Titery et du bey de Constantine.

» C'est à Staoueli qu'on entre véritablement en » Afrique; là, d'immenses palmiers dont le fût s'é» lance d'un faisceau de palmes de quinze à vingt » pieds, des massifs d'orangers; des groupes de fi» guiers, et çà et là des touffes de lauriers-roses, in» terrompaient la monotonie d'un camp, dont toute-

L'armée occupa la position de Staoueli jusqu'au 24. (*Planche* 6.)

Pendant ce temps on forma sur ce point une réserve de vivres (1).

Le génie traça avec une incroyable célérité les 4,000 et quelques cents toises de route qui conduisent de Sidy-el-Ferruch au plateau de Staoueli (2), et construisit

---

» fois les tentes étaient placées sans aucun alignement, » et dans lequel on voyait circuler les soixante et quel- » ques chameaux que l'ennemi avait abandonnés (ces » chameaux ont été donnés aux corps pour porter leurs » bagages). Mais toujours cette poussière impalpable » qui dessine le profil des colonnes pendant la marche, » et qui fatigue non-seulement parce qu'elle blesse les » yeux par sa couleur rougeâtre, mais surtout parce » qu'elle prive absolument d'air.

» Nous avons trouvé quelques rations de biscuit et » quelques sacs d'orge et de riz dans le camp. Le 19, » indépendamment des distributions régulières, l'ar- » mée reçut, après le combat, une double ration de vin.»

(1) Rapport du 26 juin au ministre de la guerre : « J'ai profité de notre station à Staoueli, qui est à » petite distance de nos magasins, pour former un » entrepôt d'approvisionnement en vin, riz et four- » rages, de telle sorte que le service des subsistances » devienne moins difficile quand l'armée opérera son » mouvement. »

(2) La route a été tracée par le génie avec une incroyable célérité, parce qu'en effet les arbustes qui couvrent le sol s'arrachent ou se coupent très-facilement; mais déjà le peu de solidité du terrain rend

plusieurs redoutes ou blockhauss, destinés à protéger la marche des convois (1).

Toutefois le petit nombre de voitures et de mulets dont nous pouvions disposer alors pour le transport des subsistances (nous n'avions à terre que 45 à 50 caissons à deux roues, et 60 mulets de bât) ne permettait pas d'éloigner l'armée de ses magasins.

Les jours suivans la marine (Rapport du 26 juin) mit à terre, avec une adresse et une activité incroyables, une partie de notre matériel, et, le 24, l'armée se porta sur Sidy-Kalef, dans la direction du château de l'Empereur (2).

---

nos transports bien difficiles, car les roues de nos voitures légères plongent de huit à dix pouces dans le sable.

(1) Rapport du 26 juin.

« Quelques accidens, arrivés à des hommes qui se » livraient avec trop de confiance au hasard de la » route, pour rejoindre leurs corps ou l'état-major, » ont averti les uns et les autres, et fait sentir la » nécessité de ne marcher qu'en masse devant des » barbares, qui convoitent dans une tête coupée le » salaire qui leur est acquis. Ces circonstances nous » rendent d'autant plus circonspects dans la marche » de nos convois, dont il est si essentiel de garantir » la sûreté. »

(2) Extrait du rapport :

« Nos subsistances commencent à arriver. (Une

Elle s'arrêta dans une position où elle n'était séparée que par un ravin de l'armée turque, qui, en se retirant, avait fait sauter un magasin à poudre considérable.

L'explosion eut lieu, pour ainsi dire, au milieu des tirailleurs, ce qui fit supposer que le terrain était miné. Cette explosion se manifesta par une trombe immense de poussière s'élevant lentement vers le ciel, où elle se dissipa sous la forme d'un nuage épais et cuivré (1).

» partie du convoi était restée dans la baie de Pal-
» ma, où elle attendait des ordres.) Nos équipages
» grossissent un peu chaque jour, et chaque jour
» aussi ils nous deviennent plus nécessaires.

» De Staoueli, à la position occupée le 24 par la
» première division, la distance est d'environ quatre
» mille toises.

» Le terrain est très-accidenté; il est coupé par un
» assez grand nombre de bosquets d'orangers, de
» grenadiers et de cactus qui s'élèvent autour de
» quelques maisons, et de tombeaux de marabouts.

» La route était fort difficile, la nature du terrain
» n'est plus la même; cependant nos caissons à deux
» roues et à pompes y ont conduit les subsistances
» sans trop de difficulté. Cette sorte d'équipage est
» merveilleusement appliquée au pays, et chaque
» jour j'ai lieu de m'applaudir d'avoir proposé et fait
» adopter ce modèle. »

(1) Rapport du 26 juin.

« Dans les affaires du 19 et du 24, l'ennemi a perdu

Les journées des 19 et 24 donnèrent 658 blessés (1) qui tous, après avoir été pansés aux ambulances, furent transportés

---

» un bon nombre des siens; mais il met un grand » soin à enlever ses morts et ses blessés. »

(1) Rapport du 26.

« Hier 25, nous avons eu un engagement assez sé» rieux, qui a donné lieu à une nouvelle évacuation » de nos malades sur Mahon. Depuis notre débarque» ment, voici le chiffre de nos hôpitaux :

» Blessés.	658	794
» Fiévreux	136	

» Savoir :

» Évacués sur Mahon. . . .	568	794 égal.
» Traités à Sidi-el-Ferruch. .	203	
» Rentrés au corps.	1	
» Morts aux ambulances. . .	22	

» Non compris les hommes tués pendant le combat.

» Nous avons recueilli dans nos hôpitaux quelques » Turcs et quelques Bédouins blessés. Le père d'un » de ces derniers ayant été pris aux avants-postes, » et conduit à Sidy-el-Ferruch, reconnut son fils au» quel on donnait des soins; le vieillard parut fort » attendri de notre générosité. Le général en chef » lui accorda sa liberté, de même qu'à deux autres » Bédouins qui sont retournés dans leurs tribus. Nous » espérions, par cette démarche, entrer en relation » commode avec elles, mais la terreur qu'inspire aux » Arabes la présence des Turcs, les éloigne, quant » à présent, de toute communication avec nous. Du » reste ils s'accordent à dire que, le jour où la place » sera investie, il en sera tout autrement. »

à Sidy-el-Ferruch par le retour des caissons de vivres.

Pendant ce temps, nos établissemens s'étaient complétés à Sidy-el-Ferruch. La manutention de 40,000 rations était terminée; les hangards des hôpitaux étaient disposés pour recevoir, dans des lits bien installés, 600 malades et plus, et nous nous mettions en mesure de parer à tous les besoins; quand le coup de vent du 26, bien plus désastreux que celui du 16, nous jeta dans une cruelle perplexité.

La totalité des bâtimens de transports était dans la baie. La nuit fut affreuse, et, le 27 au matin, trois bricks du commerce étaient désemparés et avaient échoué à la côte. Ce triste événement accrut pour un moment les difficultés de notre situation (1).

---

(1) Rapport du 26 juin :

« On ne saurait se dissimuler qu'avec un élément » aussi décevant que celui auquel nous sommes soumis » pour nos communications avec le continent, on ne » peut et on ne doit compter sur rien. Hier soir, une » partie du convoi venant de Palma était entrée dans » la baie par un vent favorable, et cette nuit un ou- » ragan affreux a mis tout en perdition. Ici pour obte- » nir un, il faut demander deux, il faut demander trois.

» Au surplus, malgré toutes les difficultés qui nous « harcèlent, le plus grand ordre sera maintenu dans

Le 29, l'armée opéra son mouvement sur le château de l'Empereur (1).

Le génie et l'artillerie avaient réuni tous leurs moyens, et, dès le 30, on commença les travaux de la tranchée (2).

Nous avions alors une distance de près de cinq lieues à franchir pour approvisionner l'armée, et plus nous nous étions approchés d'Alger et plus le chemin devenait difficile.

La chaleur augmentait de jour en jour, et pourtant il fallait pourvoir, sur le point où nous étions, à la consommation journalière de 30,000 rations de pain, de 30,000 de riz, de 15,000 litres de vin, de 1,000 litres d'eau-de-vie, et enfin de 3,000 rations de fourrages (3).

» les comptes, et ils n'auront aucune investigation à » redouter. »

(1) Les 1re. et 3e. divisions furent harcelées presque constamment par l'ennemi dans les positions qu'elles ont occupées du 24 au 29. Mais toutefois, ce laps de temps fut employé à assurer la marche de nos convois en élevant de nouvelles redoutes, à partir de Staoueli.

(2) Plusieurs caissons des équipages militaires furent mis par moi à la disposition du général Valazé, pour le transport des sacs à terre et des gabions.

(3) Le poids total des subsistances à transporter de Sidy-el-Ferruch à la position devant le château de l'Empereur (cinq lieues et demie), était de 72 mille

Hangards des Hôpitaux.

Les opérations du siége devant amener un grand nombre de blessés, je fis élever, à l'entrée du chemin des Romains, des hangards d'hôpitaux et dresser quelques lits en fer où ils pussent recevoir les premiers secours (1).

Les cinq journées qui précédèrent la prise du château de l'Empereur ont été meurtrières. Je m'abstiens d'entrer dans les détails relatifs aux événemens du siége, où le génie et l'artillerie ont pris une si glorieuse part (2).

Le 4 juillet, à quatre heures du matin, l'artillerie commença l'attaque ; à neuf heures, elle battit en brèche et avait fait ra-

---

kilogrammes par jour, c'est-à-dire le chargement de 82 voitures et de 300 mulets de bât, indépendamment de l'approvisionnement des redoutes.

(1) Rapport du 26 juin :

« Cette campagne sera classique pour l'administra-
» tion. Elle justifiera des théories nouvelles, et prou-
» vera ce que produisent de sages prévisions lorsque
» leur exécution est confiée à des administrateurs ani-
» més tous du sentiment de leurs devoirs.

» Aucune fatigue, aucun péril ne ralentissent le zèle
» de mes collaborateurs ; et déjà MM. les lieutenans-
» généraux ont tous cité de la manière la plus honorable
» MM. les sous-intendans et adjoints de leurs divisions.

(2) Voir le mouvement des hôpitaux, 2e. partie.

lentir le feu de la place depuis quelques instans, lorsqu'à dix heures une forte détonation, suivie d'une violente commotion, annonça que le fort de l'Empereur venait de sauter.

On demeura quelque temps à se reconnaître, tant la fumée et la poussière obscurcissaient l'horizon; enfin, on apprit que la tour principale était détruite de fond en comble.

Cependant le canon de la ville et celui des forts n'avaient pas cessé d'être dirigés sur le château de l'Empereur. Le général en chef s'y transporta pour observer la position de l'armée, et bientôt après on amena un parlementaire (*Sidi Mustapha Kasbadji*, premier secrétaire du dey (1).

L'extrême agitation à laquelle Mohamed paraissait en proie peignait tout à la fois la terreur que notre soudaine apparition sous les murs d'Alger inspirait aux Turcs, et le désordre et la confusion qui devaient

(1) Au moment où Sidi Mustapha exposait l'objet de sa mission, le sifflement d'un boulet le fit tressaillir; c'est alors que le général Lahitte lui dit plaisamment, en lui saisissant le bras : « Parbleu, monsieur, cela ne » vous regarde pas, ce n'est pas sur vous qu'on tire. »

régner dans le palais du dey. Le colloque fut court (1), et lorsque le général en chef congédia Mustapha, il lui répéta que, maître de toutes les positions, nos cent canons, et ceux restés sur les débris du château de l'Empereur, pouvaient en un instant et à sa volonté foudroyer la ville et la Casauba; que toutefois il voulait bien accorder la vie sauve au dey et à ses Turcs; mais qu'ils devaient se rendre à merci, et remettre sur-le-champ à nos troupes les portes de la ville et les forts extérieurs (2).

Mustapha s'éloignait à peine qu'un second parlementaire, Hamed Bodarba (3),

---

(1) On peut se faire en effet l'idée de la stupeur de ces barbares lorsqu'ils virent leur ville serrée à la fois et par mer et par terre, et surtout au moment où le feu de notre innombrable escadre fut dirigé sur leurs batteries.

Cette situation les mettait trop voisins des souvenirs du bombardement de lord Exmouth, pour qu'une subite terreur ne les dominât pas, terreur qui fut, s'il est possible, encore augmentée par l'énergique réponse de l'amiral à l'envoyé du dey (*Michitatchi di Babizira,* ministre de la marine). (Supplément au *Moniteur* du 12 juillet.

(2) Mustapha fut reçu au milieu des officiers généraux et autres qui accompagnaient le général en chef.

(3) Hamed Bodarba est un des membres du comité

accompagné d'un Maure ou d'un Turc, dont je n'ai jamais su le nom, se présentait.

Le Maure Bodarba expliqua avec adresse les prétentions du dey, ce à quoi le général en chef répondit en confirmant de nouveau ce qu'il avait dit à Mustapha. Il ajouta que le Dey pouvait sans crainte s'en remettre au roi de France du soin d'assurer honorablement son avenir.

Pendant que ces choses se passaient, on apercevait du château de l'Empereur (d'où l'on découvre toute la plage) une quantité considérable d'embarcations sortant du port, et se dirigeant vers le cap Matifou; de même aussi, un grand nombre de Turcs, de Cabyles et de Bédouins, qui parcouraient à cheval le rivage, suivis de mulets et de chevaux chargés de fardeaux.

Le temps s'écoulait, la journée s'avançait, l'armée ne quittait pas ses positions, et rien n'arrivait à fin; quand, vers les 2 heures, Sidi Mustapha, Hamed Bodarba et un troisième parlementaire reparurent.

---

municipal maure; il a rendu, comme on le verra, les plus grands services à l'armée depuis l'occupation d'Alger. Hamed Bodarba a parcouru toute l'Europe et en possède les langues remarquablement.

Cette fois ils furent reçus, à l'ombre de quelques arbustes, dans un repli de terrain à la gauche du château de l'Empereur, en présence de plusieurs officiers généraux, MM. Desprez, Berthezène, d'Escars, Valazé, Lahitte, Tholozé, etc. (1).

Cette conférence eut pour issue les préliminaires d'une convention moins dure que ne l'auraient fait augurer les conditions si fermes et si sages que le général en chef avait d'abord imposées.

Voici, autant que ma mémoire me le rappelle, les bases de cette convention (2) :

« L'armée prendra possession de la ville » et de la Casauba, et généralement de tou- » tes les propriétés de la régence, le 5, à 9 » heures du matin.

» La religion et les coutumes seront res- » pectées.

---

(1) Pendant les travaux de la tranchée, le général en chef avait reçu la visite de MM. les consuls des puissances étrangères, qui s'étaient retirés dans une maison sur le sommet d'une des montagnes du Boudjareat. Après l'explosion du château de l'Empereur, nous avons vu le consul d'Angleterre, qui se trouva au lieu de cette seconde conférence.

(2) Cette convention ayant été dictée par le général en chef, et écrite en présence de tous par le général Desprez, le général en chef me pria de la copier le

« L'entrée des mosquées sera interdite à
» tous ceux de l'armée.

» Le dey et les Turcs quitteront Alger
» dans le plus bref délai.

» On leur garantit la conservation de
» leurs richesses personnelles.

» Ils seront libres de choisir le lieu de
» leur retraite. »

On jugea à propos d'attendre l'adhésion du dey à ces conditions, et l'on se sépara des parlementaires, qui donnèrent, en se retirant, l'assurance que l'échange de la convention aurait lieu le soir avant quatre heures. M'étant éloigné pour vaquer aux soins de mon service, je ne revins au quartier-général que le lendemain matin, et je sus, en effet, dans le temps, que les parlementaires s'étaient présentés dans l'après-midi chez le général en chef, qui occupait une maison en arrière du château de l'Empereur (1). (Suppl. au *Moniteur* du 12 juillet.)

---

plus lisiblement possible pour être remise aux envoyés du Dey : ce que je fis.

(1) Etranger par la nature de mes fonctions, et par la participation que j'y ai prise, au traité qui a eu lieu, je pourrais sans doute m'abstenir de soulever cette question délicate ; mais je commettrais à mes propres yeux une action pusillanime en ne l'éclairant pas par l'exposé des faits qui sont parvenus à ma connaissance

Pendant les jours qui précédèrent la prise du château de l'Empereur je préparai, sans négliger les soins du service

---

comme à celle de toute l'armée, quand nous avons été maîtres d'Alger.

La capitulation a-t-elle été trop facile?

Pouvait-on, devait-on pénétrer sur-le-champ dans la Casauba?

Est-ce une faute de ne pas s'être opposé à la fuite des Turcs, des Cabyles et des Bédouins, qui, le 4, abandonnaient la ville?

Il est difficile de se faire une idée de l'absolutisme du dey et de la terreur qu'il inspirait; un geste seul faisait sur-le-champ tomber à ses pieds la tête de l'homme le plus puissant de ses états.

Son ignorance et sa vanité étaient poussés à ce point, que les Maures qui avaient voyagé en Europe et qu'il interrogeait, n'auraient jamais eu l'audace de lui dire que Londres ou Paris étaient plus beaux que sa capitale.

Plein d'orgueil et de confiance dans ses murailles et dans les deux mille canons qui les protégeaient, il regardait le château de l'Empereur comme imprenable (et pourtant, après cinq heures d'attaque, la plupart des pièces avaient été démontées et les embrasures démolies).

A la nouvelle de ce désastre, le dey ne connaissant plus de ménagemens, ordonna la destruction complète du fort, et se précipita lui-même vers le magasin à poudre de la Casauba (il renfermait deux cent trente milliers de poudre) pour le faire sauter, sauter avec lui, et indubitablement la Casauba et la ville tout entière.

Il fut arrêté par ceux de sa maison, qui lui firent

journalier (1), les mesures générales qui, sous l'approbation du général en chef, devaient assurer le maintien de l'ordre au moment où les portes de la ville nous seraient ouvertes.

Imbu des préceptes que pendant quinze ans j'ai puisés à l'école de l'*Empereur*; ayant cent fois transcrit et souvent exécuté les instructions qu'il dictait pour régulariser la prise de possession de tant de villes, je comprenais qu'il fallait faire, si l'on peut

---

comprendre qu'il pouvait y avoir une capitulation possible.

Ici un doute s'élève :

Si l'on eût demandé au dey 200 millions (en admettant qu'ils existassent dans Alger), les aurait-on obtenus ?

Ou bien, les Turcs, poussés au désespoir, ne se seraient-ils pas défendus à outrance ? Ne se seraient-ils pas fait enterrer sous leurs trésors ? On sait que chaque maison a son trésor, et que, dans ce pays, les richesses s'enfouissent, mais ne circulent pas.

Dans cette hypothèse, je laisse à ceux qui connaissent la construction de la ville (surnommée par les Maures et les Turcs *Al-Jezirs Alguzie*, Alger la Guerrière), à juger ce qu'aurait pu devenir cette nouvelle Sarragosse, et ce que le fatalisme oriental (*Dieu l'a voulu*) aurait enfanté ; en un mot, si des conditions trop rudes n'exposaient pas à perdre entièrement le fruit de la conquête ?

(1) Pas une distribution n'a manqué, ce qui est attesté par les bons de totalisation des corps.

parler ainsi, le roman de l'occupation, déterminer le but que l'on voulait atteindre, et tracer les devoirs de chacun.

Cette méthode, comme me l'a confirmé une dernière et rude expérience, loin de faire naître la confusion, est la seule, est l'unique bonne.

C'est dans ce dessein que je provoquai et que j'obtins la formation de commissions spéciales pour la reconnaissance de tous les objets que renfermaient la ville et la Casauba (commissions composées d'administrateurs, d'officiers généraux et autres de l'armée) (1) ;

Que je soumis au général en chef un projet de formation d'une commission de gouvernement.

Cette commission, comme j'en ai compris la mission, avait à remplir une tâche immense, mais pleine d'intérêt : (Extrait du rapport du 3 juillet) (2e. partie) :

« Étudier l'état et les besoins du pays ;

---

(1) La composition de ces commissions fut l'objet d'un travail du général, chef de l'état-major général, avec le général en chef.

Commission de finances ;

Commission pour la reconnaissance des denrées.

Commission pour la reconnaissance des laines, etc

» Entrer dans un examen approfondi des formes de l'ancienne administration; en connaître la marche et les détails ;

» Séparer les institutions qu'il serait urgent de modifier ou de remplacer, de celles qui peuvent trouver leur place dans le nouvel ordre de choses, ou que la prudence doit défendre pour quelque temps encore contre toute espèce d'innovation ;

» Faire concourir, s'il y a lieu, les Français et les citoyens notables des différentes castes indigènes, à l'exercice des fonctions qui constituent l'ordre civil.

» Examiner les moyens et les conditions de cet amalgame, et en prévenir les résultats;

» S'attacher surtout à connaître les ressources du pays ;

» Observer le mouvement intérieur du commerce ;

» Étudier la direction et l'extension qu'il serait possible de lui donner;

» Rechercher sous quels rapports il a besoin d'encouragement et de franchises ; sous quel rapport aussi il peut contribuer passivement dans les charges du pays et de l'occupation, soit par l'établissement de droits nouveaux, soit par le maintien de ceux qui existent ;

» Substituer, en un mot, l'ordre à la confusion, la confiance à la terreur, le régime des lois à celui des spoliations et des vengeances, et répandre sur tout le pays une sécurité et un bien-être qui puissent l'attacher à ses libérateurs (1). »

Enfin, dans le dessein de prévenir des désordres presque inévitables, j'insistai fortement pour que le régiment, qui devait faire tête de colonne, occupât la porte de la Casauba de très-grand matin, et que les commissions spéciales en eussent seules l'accès.

OCCUPATION D'ALGER.

Le moment d'entrer dans la ville, aux termes des conditions imposées la veille par le général en chef, était arrivé; il était 9 heures.

---

(1) Par arrêté du 5, la commission fut composée ainsi qu'il suit :

Baron Denniée, intendant en chef, président ;

De Tholozé, maréchal-de-camp, gouverneur d'Alger;

Firino, payeur-général ;

Deval, consul de France ;

D'Aubignosc, lieutenant-général de police de la ville d'Alger ;

Edmond de Bussière, ancien secrétaire d'ambassade, secrétaire-général.

L'artillerie était engagée dans le ravin qui conduit à la Porte Neuve; cependant on ne put opérer le mouvement qu'à 11 heures (1). (Planche 7.)

Le dey, qui d'après l'opinion générale devait attendre le général en chef dans l'enceinte de la Casauba, s'était retiré le matin dans une des maisons de la ville qui lui appartiennent en propre.

A peine avait-il quitté son palais, que des Juifs et quelques Arabes s'étaient livrés au pillage.

On a beaucoup parlé du pillage de la Casauba.

Une voix haineuse a, la première, tenté de ternir la gloire de nos armes; la crédulité l'a accueillie, et je ne saurais dire quelle fatale disposition d'esprit lui a, pour un moment, donné une révoltante autorité.

Je me bornerai encore ici à la description fidèle des lieux et des faits :

Quelle est la Casauba?

Je n'écris pas pour ceux qui ont vu ce soi-disant palais; s'ils lisent ces lignes, ils y

---

(1) Ce ravin est la seule et unique voie qui conduit à la plage, et où jamais trace de voiture ne s'était fait apercevoir.

Imp. Lith. di Reisy

trouveront sans doute l'analyse exacte de leurs souvenirs.

La Casauba n'est point un palais; ce n'est pas même, dans nos habitudes européennes, une habitation tolérable.

C'est une enceinte informe, fermée par des murailles blanchies à la chaux, d'une hauteur prodigieuse, sans issues, sans jours, crénelées à la moresque, et desquelles s'échappent, par de profondes embrasures sans ordre ni alignement, de longs canons, dont l'embouchure est peinte en rouge.

On ne pénètre dans ce lieu, en venant du château de l'Empereur, que par la Porte Neuve de la ville, et après avoir suivi une longue et tortueuse ruelle, dont la largeur suffit à peine, dans quelques parties, pour le passage d'une bête de somme.

« Cette ruelle (Rapport du 18 juillet au » ministre de la guerre) conduit, après » quelques minutes de marche, sous un por- » che sombre, au centre duquel s'élève une » coupe en marbre blanc, d'où coule une » eau limpide.

» Ce porche, grossièrement décoré de » larges lignes rouges et bleues, et de quel- » ques petits miroirs, est le lieu où se te-

» naient les nègres qui formaient, dans les » derniers temps, la garde fidèle du dey.

» Ce porche franchi, une seconde ruelle » conduit d'un côté au magasin à poudre, » et de l'autre à l'entrée de la cour inté- » rieure, où le dey faisait sa demeure (1).

» Cette cour, dallée en marbre, est car- » rée; elle offre, sur trois de ses côtés des ga- » leries soutenues par des colonnes torses.

» Sous l'une de ces galeries est une espèce » de retraite, indiquée par une longue ban- » quette couverte en drap écarlate, où le » dey se tenait quelquefois. C'est dans cette » cour que les négocians étaient tenus de » venir déposer la cargaison de leurs navires, » pour que le dey choisît, lui-même, le 5, » le 6 ou le 10 p. 0/0 qui lui convenait (2). » Cette manière sauvage d'imposer le com- » merce avait donné naissance à des amon- » cellemens de denrées et de parcelles d'ob- » jets fabriqués de toute espèce, entassés » pêle-mêle. »

---

(1) Ce qu'on nomme *patio* dans les maisons espagnoles.

(2) Le transport du port à la Casauba s'opérait par des portefaix (*piskeris*), caste indigène vouée aux travaux de peine. Cette partie de la population trouvait ainsi un moyen d'existence.

C'est encore sous cette galerie, et de plain-pied, que se trouvaient les salles renfermant le trésor.

Le premier étage se compose de quatre galeries, dans l'une de ces galeries était placée une espèce de palanquin, sous lequel le dey venait entendre la musique. Ce meuble bizarre était adossé à de petites chambres où se trouvaient encore, après le départ du dey, quelques harnachemens de chevaux, etc.

L'une des galeries du premier étage communiquait à une longue batterie qui commandait la ville; et, aussi, par un véritable escalier de moulin, à une galerie supérieure où venaient aboutir les quatre longues chambres, sans glaces ni tentures, mais blanchies à la chaux, qui formaient l'appartement du dey. Cette galerie supérieure conduisait, par une porte incroyablement basse, au quartier des femmes, composé de six petites pièces, clos par de hautes murailles. Ces appartemens n'obtenaient de jour que par une cour intérieure dont le sol était à la hauteur du premier étage.

D'un côté, cette triste demeure était appuyée par les canons qui commandaient la montagne dans la direction du château de l'Empereur, et de l'autre, c'est-à-dire du côté de la cour principale, par une épaisse muraille, d'où, pour satisfaire la timide curiosité des femmes, on remarquait dans quelques-unes des chambres des espèces de meurtrières longues et étroites, projetées diagonalement, et desquelles l'œil sollicitait la vue de quelques pieds de la galerie supérieure où le dey venait parfois se délasser.

C'est encore dans le voisinage de l'appartement des femmes que se trouve un espace décoré du nom de jardin, et dans lequel on ne parvient, après cent détours bizarres, qu'en descendant soixante ou quatre-vingts degrés. Ce jardin, encaissé dans de hautes murailles d'une blancheur éblouissante, ayant pour tout ombrage un long berceau de jasmin, était le seul lieu dont l'accès fût permis aux femmes.

Telle est cette Casauba, dans laquelle, peu d'instans après le départ du dey, la confiance aventureuse de nos soldats avait conduit quelques militaires isolés, qui ne tardèrent pas à être rejoints par un détachement d'artillerie qui formait la tête de colonne.

Nonobstant les enlèvemens que le dey avait fait effectuer pendant vingt-quatre heures, ses appartemens et ceux des femmes recelaient encore quelques effets : des coussins brochés d'or, des cassettes élégantes, des armes, de petits tapis, des pendules, des vêtemens de femmes, etc. (1)

La plupart de ces objets excitèrent bien moins la cupidité qu'une curiosité facile à comprendre.

Tout paraissait nouveau dans cette habitation abandonnée, dont chacun se croyait en droit de disposer en maître.

Il y eut en effet un désordre plus apparent que réel (2), et, je le dirai, parce que ma voix a l'autorité d'une longue expérience, jamais dans aucune de nos campagnes une ville n'a été occupée avec tant de ménagement. Pas un seul officier, pas un soldat n'a franchi le seuil de la demeure d'un Maure,

---

(1) Au moment où les esclaves du dey aperçurent les premiers Français, ils jetèrent à terre les fardeaux dont ils étaient chargés et prirent la fuite de toutes parts.

(2) Des factionnaires furent placés pour la garde de l'appartement des femmes, dont la porte n'avait pas été ouverte, et devant la salle d'audience du dey. Elle renfermait des armes.

d'un Turc ou d'un Juif, et la ville d'Alger n'a pas même subi la charge d'un logement militaire.

Enfin, un ordre de M. le général de l'état-major général, ayant invité chacun à remettre au trésor les objets d'or ou d'argent qui auraient pu se trouver dans les quartiers occupés, quelques versemens eurent lieu, et plusieurs personnes apportèrent des vases et des ustensiles précieux qui ont été envoyés en France, et dont la nomenclature se trouve dans l'inventaire du trésor de la régence (1).

(Rapport du 18 juillet) : « Au milieu de » cette confusion et de ce mouvement, le » kasnedji (ministre des finances) était » resté impassible dans la cour principale » de la Casauba, assis sous la galerie, te-

(1) Le dey ayant réclamé auprès du général en chef une caisse renfermant de l'or, restée dans les appartemens, cette caisse, qui avait été déposée dans l'une des salles basses du trésor, fut remise, le 9 juillet, par ordre du général en chef, et portée dans la nouvelle demeure du dey, ainsi que le constate la séance dudit jour, dans le journal des opérations de la commission de finances. Le dey demanda aussi l'agrément d'emporter des hardes et des effets mobiliers restés dans ses appartemens. Ce déménagement eut lieu, et le dey y présida lui-même.

» nant en main les clefs du trésor, et im-
» posant par sa présence à ceux des Juifs et
» des Arabes qui se livraient au pillage.
» La commission des finances fut bientôt
» mise en rapport avec le kasnedji par l'un
» des interprètes de l'armée; elle lui adressa
» quelques questions qui donnèrent lieu
» aux réponses consignées dans le procès-
» verbal d'inventaire du trésor :

» 1°. Le kasnedji déclare que le trésor de
» la régence est demeuré intact;

2°. Qu'il n'a jamais existé de registres
» constatant ni les recettes ni les dépenses
» faites par le trésor;

» 3°. Que les versemens de fonds s'opé-
» raient sans qu'aucun acte en constatât
» l'objet ou l'importance;

» 4°. Que les monnaies d'or étaient entas-
» sées pêle-mêle, sans acception de valeur,
» de titre ni d'origine;

» 5°. Que les sorties de fonds ne s'opé-
» raient jamais que sur une décision du di-
» van, et que le dey lui-même ne pouvait
» pénétrer dans le trésor qu'accompagné
» du kasnedji. »

Ces renseignemens obtenus, le kasnedji conduisit la commission à l'extrémité de la galerie, où il ouvrit la porte d'une salle basse, située diagonalement à l'entrée principale.

(*Extrait de l'inventaire du trésor*) :

« Cette salle était coupée vers le milieu par une cloison de trois pieds de haut, divisée en deux compartimens, contenant des *boudjoux* (monnaie algérienne de 3 fr. 60 c.)

» Cette porte ayant été refermée, et les scellés y ayant été apposés, le kasnedji ouvrit une seconde porte, formant équerre avec la première, et située également sous la galerie.

» Après avoir traversé trois salles de plain-pied, il ouvrit une troisième porte donnant entrée dans une salle transversale éclairée par une fenêtre à barreaux en fer ouverte sur la galerie.

» Cette salle transversale, de la longueur de 20 à 24 pieds sur 8 de largeur, renfermait trois coffres formant banquettes. Ces coffres contenaient des *boudjoux*, de la monnaie de billon, et l'un d'eux des lingots d'argent.

» Trois portes également espacées, s'ouvrant au moyen d'une même clef, fermaient trois pièces obscures, coupées comme la première salle par des compartimens en bois.

» La pièce du milieu renfermait les monnaies d'or jetées pêle-mêle, depuis le *roboa soltani* (3 fr. 80 c.), jusqu'à la double quadruple du Mexique (168 fr.) (Il y avait 24 millions en or.)

» Les deux caveaux latéraux renfermaient, l'un des mokos ou piastres de Portugal, le second des piastres fortes. (Il y avait en argent 24 millions et plus.)

» La commission, après s'être assurée qu'il n'y avait d'autre issue que la porte principale, referma toutes les portes soigneusement, y apposa de triples scellés, et fit placer dans la galerie un poste permanent de gendarmerie commandé par un officier.

» Elle continua les jours suivans la reconnaissance des valeurs existantes dans le trésor avec toute la publicité que comportait une opération si délicate. » (*Rapport du* 18) (1).

En effet, ce trésor, s'élevant à la somme de 48,684,527 fr. 94 c., a été pesé et non

---

(1) Il n'est pas hors de sujet de rappeler ici que le poids d'un million en or est de. . . . 666 liv. et le poids d'un million en argent, de. . 10,000 liv. c'est-à-dire qu'il faut 7 à 8 hommes pour porter un

compté, comme on le peut croire. (Cette opération a eu lieu par les soins d'officiers d'état-major et de la trésorerie, sous la surveillance de la commission de finances, qui a employé d'une manière permanente six à huit sous-officiers d'artillerie pour fermer et clouer les caisses.)

Ces caisses, ficelées et cachetées, recevaient une série de numéros d'ordre, et étaient placées méthodiquement dans l'un des caveaux, d'où elles ne sortaient que pour être transportées au port par des militaires de corvées commandés par des offi-

---

million en or, et 100 ou 120 pour porter un million en argent.

On chargea en or :

Sur le vaisseau *le Marengo*.	13,218,598 f.
Sur *le Duquesne*	11,550,000
En argent :	
Sur *le Scipion*.	5,100,600
Sur *le Nestor*.	10,240,000
Sur *la Vénus*.	3,289,600
Total. . .	43,398,798 f.
Et on garda pour les besoins de l'armée la somme de.	5.285,729 f. 94 c
D'où il résulte que le montant de l'inventaire des fonds trouvés dans le trésor de la régence a été de. .	48,684,527 f. 94 c.

ciers et sous la conduite du payeur-général et des agens de la trésorerie (1).

Ce qu'on avait dit des trésors d'Alger était si fort au-dessus de ce que nous trouvions en réalité, que, dans le dessein de ne négliger aucun moyen de nous éclairer, je crus devoir adresser le 29 juillet, au général en chef, une note dans laquelle je proposais d'infliger au kasnedji (ministre des finances), qui était encore en ville, une prison sévère, afin d'obtenir de lui les révélations propres à fixer l'opinion (2).

---

(1) J'aurais sans doute pu m'affranchir de tous ces détails, mais ils expliquent et ils motivent la justice éclatante rendue à la commission de finances par l'honorable général Clauzel.

(2) Extrait de la note du 29 juillet, adressée au général en chef :

« Il est hors de doute que pour subvenir à une foule » de dépenses municipales il y a nécessité d'imposer les » habitans d'Alger. Cette nécessité et ce principe de » justice reconnus, il est encore hors de doute que les » Turcs qui sont restés jusqu'à présent en ville ne » sauraient être exempts de cet impôt.

» Cependant vingt-cinq Turcs des plus notables vont » être déportés : ils sont embarqués aujourd'hui ; demain leurs familles et tout ce qu'ils possèdent.

» A ce nombre de vingt-cinq, il est indispensable » d'ajouter dix des plus turbulens, qui sont encore en

Le chef de l'état-major général me répondit, le 30, que toutes les tentatives qui avaient

---

» ville, et dont le comité municipal vient de me faire » remettre les noms (ils sont ci-joints).

» Il serait juste que toutes ces familles fussent imposées dans la proportion de leurs richesses connues : » or, à cet égard, le comité municipal mettra à même » de déterminer la quotité de l'impôt, que d'ailleurs » le comité pourrait être chargé de frapper sans l'autorisation du général en chef.

» Ce n'est point assez que d'imposer les Turcs influens et séditieux, il s'agit encore de savoir s'ils » n'emportent pas une partie des propriétés de la régence ; or, ici un soupçon fondé s'élève :

» Ceux du comité municipal pensent, ils disent, ou » plutôt ils savent et confirment ce qu'on a dit à M. le » maréchal de la distribution des fonds tirés du trésor » de la régence, et non pas du trésor personnel du » dey, et distribués aux Turcs dans les journées des » 4 et 5.

» Leur opinion est que les trente-cinq Turcs que » l'on va déporter sont particulièrement ceux qui » ont reçu les largesses du dey, à titre gratuit ou à » titre de dépôt. On peut sans doute interroger ces » Turcs; mais le kasnedji existe, il est en ville : on a » sagement évité de le comprendre dans la première » déportation, parce qu'il aura non-seulement des » révélations utiles à faire sous ce rapport, mais encore sur la situation du trésor caché ; car ici l'on croit » que 50 millions de francs ne sont qu'une partie des » trésors qui ont existé.

» Dans cette situation, on pense qu'il faut ordonner » au kasnedji de se rendre à la Casauba, le requérir » de dire la vérité, et, dans le cas d'un silence opi-

été faites donnaient l'assurance que ce que nous avions vu était le trésor tout entier (1).

» niâtre, l'intimider, non par des menaces de peines » corporelles, mais en lui infligeant une prison sévère : » il parlera.

» Il faut de plus appeler les nommés *Mustapha* » *Saiji* (c'est un Maure), qui était trésorier placé au- » près du kasnedji, et qui a eu connaissance de tous » les faits.

» Et enfin *Moahmed Ogel Harji*, chargé d'ac- » compagner aussi le kasnedji quand il ouvrait les » portes du trésor. »

(1) Lettre du général Desprez :

« J'ai vu, mon cher intendant, le kasnedji et Mus- » tapha Saiji. Leurs réponses s'accordent parfaite- » ment. Il me paraît fort douteux que le dey ait fait » remettre une partie de l'argent du trésor à plusieurs » des individus qui viennent d'être embarqués; mais » ce dont je suis convaincu, c'est que ce que vous avez » vu est le trésor tout entier. Le kasnedji et Saiji le » déclarent formellement, et, au besoin, ils le jure- » ront sur l'Alcoran. Ils consentent à perdre la tête » si on parvient à découvrir des pièces murées. Quant » à l'opinion du public sur la valeur du trésor, ils di- » sent avec raison que cette opinion était hasardée ; » qu'eux-mêmes n'ont jamais su ce qu'il y avait de » millions; qu'ils recevaient et payaient sans jamais » faire d'inventaires; que depuis quinze ou vingt ans » les dépenses excédaient chaque année les recettes de » quelques millions; qu'ainsi le trésor avait dû dé- » croître fort rapidement. Tout cela me paraît fort » vraisemblable. Je pense toutefois qu'on fera bien de » faire des recherches.

» Recevez, mon cher intendant, etc.

Signé : général Desprez.

Pour apprécier les difficultés de toute espèce que l'administration a rencontrées dans l'occupation d'Alger, il est indispensable de crayonner l'esquisse de cette singulière cité.

Alger est une carrière de pierre, de forme triangulaire, d'une blancheur éblouissante; assise sur un plan fortement incliné (30 à 32 degrés), dont la base est le port, et le sommet la Casauba (1).

Cette ville n'a d'autres communications que des ruelles étroites et tourmentées, dont la pente est adoucie par des marches de pierre espacées de cinq à six pieds.

La plupart de ces ruelles sont voûtées et tellement resserrées que, de distance en distance, on a ménagé des retraites pour que deux bêtes de somme puissent y avoir passage.

Aucune maison n'a de jour extérieur; elles sont toutes closes par de hautes murailles, et n'ont d'issue qu'une poterne basse et enfoncée, à laquelle on ne parvient souvent qu'en descendant deux ou trois degrés.

Toutes ces ruelles aboutissent vers la

---

(1) Les voyageurs ont fort exactement exprimé l'aspect d'Alger en comparant sa forme à une voile latine.

partie inférieure de la ville à une ruelle parallèle au port (Marina), un peu plus large que les autres, et communiquant sur un plan uni de la porte Babazoun à la porte Babaloued (1).

Cette ruelle transversale, que l'on pourrait nommer la rue Marchande d'Alger, encombrée par des échoppes ouvertes devant chaque maison, est elle-même si étroite, que les piskeris (porteurs de fardeaux) y circulaient difficilement; et pourtant cette rue est la seule communication de l'extérieur de la ville à la marine (2).

Alger ne possède d'établissemens ni de monumens d'aucun genre (la marine exceptée); car on ne saurait décorer de ce nom les mesquines mosquées de cette ville, ni les casernes des Turcs et de Castratine,

(1) Il n'y a que trois portes dans Alger. La ville est entourée d'un large fossé, au-dessus duquel s'élèvent de hautes murailles crénelées et garnies de canons établis sur des plates-formes de distance en distance.

(2) Nos magasins et notre manutention des vivres étant installés dans l'enceinte du port, je parvins, le 30 juillet, après des demandes réitérées, à faire ouvrir une communication qui permît à nos caissons d'aller jusqu'à la marine chercher les vivres que l'armée devait consommer extérieurement, car jusque-là nos moyens de transport étaient frappés d'inertie.

où, avec le secours du génie, nous n'avons pu qu'avec peine établir quatre cent cinquante lits pour nos malades; enfin, cette ville était même dépourvue de moulins et de fours (1), et les recherches faites par les diverses commissions dont il a été parlé plus haut, nous apprenaient qu'il n'existait, dans les magasins de la régence, en denrées utiles aux besoins de l'armée, que quelque peu de gruau, du sel et du blé. (2me. partie).

Ainsi la conquête ne nous procurait immédiatement rien, et l'armée se trouva réduite à vivre de ses propres ressources, c'est-à-dire de ce qu'elle avait débarqué avec elle; or, ces ressources étaient à six mortelles lieues de la ville, et il nous fallut (pendant plus de vingt jours) tirer de Sidy-

(1) Il existe dans le bas de la ville un local où se trouvent quelques moulins à bras qui ne sont susceptibles de produire qu'une farine grossière, dont le dey faisait fabriquer le pain qu'il distribuait à la milice, qu'il vendait au peuple ou qu'il donnait aux plus indigens. Ce pain se manutentionnait dans quelques fours de dimensions inégales; nous en avons cependant tiré tout le parti possible jusqu'au moment où la grande manutention, que nous avons construite à la marine, a été terminée.

el-Ferruch, farine, pain, vin, foin, avoine, pour la consommation journalière de trente mille hommes et de trois mille quatre cents chevaux, c'est-à-dire jusqu'au moment où la marine, par de nouveaux efforts, eût effectué la translation de tous les approvisionnemens qu'elle avait mis plus de quinze jours à jeter sur la plage de Sidy-el-Ferruch (1).

Pendant que toutes ces choses se pas-

---

(1) Planche.

Le service des transports (rapport du 18 juillet) a été d'autant plus difficile, qu'à partir du château de l'Empereur jusqu'à la plage (où se trouvent la 3e. division, l'artillerie et le génie), il n'existe pas trace de route; que nos fragiles voitures descendent un escarpement de rochers ravinés par les pluies d'automne. Nonobstant toutes ces difficultés, l'armée a constamment reçu ses vivres, et je dois dire que l'obligeance du général Lahitte, en prêtant à l'administration ses prolonges pendant deux jours, a singulièrement facilité nos moyens d'exécution : toutefois, pendant deux jours, la troupe a été réellement privée de son vin, parce qu'un assez grand nombre des barriques, débarquées les 18 et 26 juin et jetées à la mer, avaient accepté quelques parties d'eau saumâtre, ou que peut-être, frappées par les rayons d'un soleil brûlant pendant près d'un mois sur la plage, le vin s'était aigri. On prévint sur-le-champ le retour de pareil accident, en faisant déguster les pièces de vin avant leur expédition sur les divisions.

saient, l'armée prit position, et dut s'établir au bivouac, sans tentes, car il aurait été impossible de songer à faire arriver par terre nos effets de campement et leurs agrès, dont on connaît la pesanteur; non-seulement parce que nos équipages n'étaient pas assez nombreux, mais encore parce que les chevaux et les mulets, fatigués par un mois d'embarquement et par un service hors de toute proportion, pendant les vingt-un jours de la campagne active, devaient encore, par de nouveaux efforts, suffire au transport des vivres et des fourrages à une distance énorme. Toutefois, les équipages militaires ont été si sagement commandés et si soigneusement surveillés, que, pendant toute la campagne, nous n'avons pas perdu vingt chevaux ou mulets.

Après les fatigues que l'armée venait de supporter, le repos aurait été nécessaire; mais peut-on donner ce nom au bivouac meurtrier auquel elle était exposée sur cette côte brûlante et décharnée, où le thermomètre s'élève pendant le jour à 32 degrés à l'ombre, et où, lorsque le vent du désert n'apporte pas son souffle desséchant, il ne descend pas au-dessous de 20 degrés pendant les nuits, et où enfin une rosée glaciale et pénétrante précède de quelques heures le lever du soleil.

La position de l'armée a été horrible ; on ne l'a point assez su.

D'un côté, Sidy-el-Ferruch, nonobstant les nombreuses évacuations de blessés que la marine avait faites, comptait, sous les hangars ou sous la tente, plus de huit cents malades ou blessés, dont le nombre s'accroissait dans une proportion effrayante chaque jour, soit du camp même de Sidy-el-Ferruch (48ᵉ. régiment et huit cents hommes de la marine), soit de celui de Staoueli, soit enfin des nombreuses redoutes qui liaient nos communications (1).

---

(1) Il est difficile de se faire une idée exacte de ce qu'était, après un mois de conquête, la position des troupes à Sidy-el-Ferruch. Cette plage était dépourvue de toute espèce d'ombrage, et pourtant les travaux y étaient de tous les instans. Chaque jour notre manutention des vivres fabriquait 25,000 rations ; c'est là que tous les objets destinés à la consommation de l'armée était chargés soit sur nos caissons, soit sur nos mulets, et qu'en même temps il fallait pourvoir aux soins que réclamaient les malades et les blessés dans les ambulances et à l'embarquement de ceux que la marine pouvait conduire à Mahon ou en France. C'est encore là que s'opérait, sur la flotille des bateaux-bœufs, le réembarquement des vivres, des effets d'hopitaux, des hangars, des tentes, des ustensiles

De l'autre, sous Alger, les maladies prenaient un caractère alarmant (1); les infirmeries de quelques régimens (installées dans les maisons environnantes) étaient encombrées de deux et trois cents malades; les objets les plus nécessaires manquaient; les hommes périssaient sous les yeux de leurs camarades, et il était à craindre que le moral de l'armée n'en fût bientôt ébranlé.

Tous les soins de l'administration s'étaient, depuis l'occupation d'Alger, portés sur le service des hôpitaux; elle n'avait sans doute pas besoin d'y être provoquée; mais cet objet excitait tellement la sollicitude du commandant (qui en reconnaissait la difficulté), que M. le général de Tholozé, gouverneur de la ville, activait chaque jour, par sa présence réitérée, les travaux que l'on a dû effectuer pour être d'abord en état de recevoir cinq cents malades, tant à la caserne des Turcs qu'à la caserne Castratine et dans la

---

de manutention, de nos énormes pétrins, d'auges pour les chevaux, de planches, etc. Deux sous-intendans, M. le comte de Fontenay et M. de Saligny, ont dû suffire à la direction et à la surveillance de si pénibles travaux.

(1) A cette époque de l'année, les haies de cactus offraient leurs fruits dangereux.

maison attenante au jardin de Mustapha Pacha (jardin dans lequel je parvins plus tard à opérer la construction d'un vaste établissement propre à recevoir mille malades, en utilisant nos hangars que je fis fermer par des planches tirées de Palma). (2me. partie.)

Mais de quelle faible ressource étaient pour l'armée ces premiers établissemens, si l'on considère que, du 25 juin au 10 du mois d'août, nous avons eu un mouvement de neuf mille hommes entrés aux hôpitaux, sans compter ceux qui ont été traités dans les infirmeries régimentaires (1). L'encombrement de ces infirmeries était tel que des régimens, sans avis préalable, sans billets d'hôpitaux, sans feuilles d'évacuation, ont jeté brusquement et de nuit, dans les locaux plus qu'insuffisans dont nous pouvions disposer, quatre à cinq cents malades (2).

---

(1) Toutefois la mortalité n'a pas, à beaucoup près, été dans la proportion du nombre des malades. (Voir 2e. partie.)

(2) J'adressai à ce sujet des observations à M. le général en chef, qui les apprécia, et qui en fit l'objet d'un ordre du jour; mais l'encombrement que les infirmeries régimentaires éprouvaient les ont parfois

Pénétré, dès le début, des dangers imminens dont nous étions environnés, je m'exprimai en ces termes. (Rapport du 11 juillet au général en chef (1) : « Si les » choses ne changent pas, nous sommes » exposés à voir se renouveler la scène af- » fligeante qui vient d'avoir lieu, lorsque des » évacuations de nuit ont été faites sur nos » hôpitaux.

» Toutefois, informé à la pointe du jour » de cet événement, je me suis transporté » de suite à bord de M. l'amiral, pour le » supplier de nous tirer encore une fois » d'embarras ; il a mis en effet un bâtiment » à notre disposition pour transférer les » malades à Mahon ; mais à peine ces mou- » rans étaient-ils sur le port, que la mer est » devenue houleuse, et que pendant douze » heures (ce qui est si fréquent sur cette plage » difficile) toute communication a été in- » terrompue. »

---

forcés de s'écarter des règles prescrites ; et l'on peut juger quels ont été, dans ces circonstances, les embarras de l'administration ! ! ! Jamais campagne n'a été plus pénible pour les employés de tous les services.

(1) Voir la 2e. partie.

Je m'exprimais encore ainsi dans le rapport précité :

« Pour que le service s'opère régulière-
» ment et d'une manière satisfaisante, il est
» à désirer que l'on fasse sur-le-champ ces-
» ser les bivouacs ; ils sont tuans sur cette
» côte dévorante : le général en chef jugera
» quel est le nombre des troupes qui doi-
» vent occuper les postes extérieurs, etc.

» Dans l'hypothèse où cette mesure serait
» adoptée, il y aurait à examiner si l'on doit
» faire occuper la Casauba par un ou deux
» régimens, ce qui ne serait sans doute pas
» impossible, nonobstant l'encombrement
» de quelques magasins et l'enlèvement des
» poudres que le général Lahitte fait opé-
» rer en ce moment.

» Dans tous les cas, pour réaliser ce pro-
» jet, il serait indispensable de faire évacuer
» la ligne de maisons qui forme la lisière
» de la ville, de la porte Neuve à la porte
» Babazoun, et celle qui forme la lisière du
» côté nord de la Casauba à la porte Bab-
» al-Oued, en assignant aux habitans dé-
» logés une partie des maisons appartenant
» à la régence, et qui, d'après les renseigne-
» mens que la commission de gouvernement

» a recueillis, forment près d'un quart de la » ville. »

Ce n'était pas assez des privations de toute espèce que l'armée éprouvait, il semblait encore qu'après un succès si complet, le sort de cette armée fût de voir sa gloire constamment rabaissée.

Après les affaires des 14, 19, 24 et 29, le général en chef avait demandé des récompenses et particulièrement la promotion de plusieurs sous-officiers ; le ministère resta muet.

La conquête terminée, le général en chef adressa au gouvernement un travail complet des récompenses méritées pendant la campagne ; il fit plus, il proposa les bases de la répartition de trois millions à distribuer à l'armée à titre de gratification (1).

Quelle fut la conduite du gouvernement?

A l'égard de la gratification si légitimement acquise, il ne répondit pas;

Et, quant au travail des récompenses, il le renvoya avec ordre de limiter les faveurs.

---

(1) Je provoquai ce travail, dont moi-même je posai les bases ; et le général en chef sait bien que j'insistai fortement sur le droit que l'armée avait ; je dis ceci, parce qu'on a cherché à persuader le contraire à quelques officiers de l'armée.

Limiter les faveurs! comme si les faits d'armes avaient été limités (1).

Que l'on juge de l'effet que ce refus produisit sur l'armée, dont la gloire semblait importuner le pouvoir.

Point de grades, point de gratification!

Et pourtant l'armée avait conquis ce trésor, dont elle entendit pendant plus d'un mois remuer l'or et l'argent qu'elle vit sous ses yeux transporter au port par plus de six mille soldats, et charger sur les vaisseaux de l'état.

Tout dans la possession d'Alger devenait déception, et pourtant (et avec raison) les exigences croissaient en sens inverse de la possibilité d'y satisfaire (2).

---

(1) M. le général Clauzel, juste appréciateur de la gloire de cette armée et de la régularité des travaux de l'administration, a accordé au corps de l'intendance militaire, avant l'arrivée de mon successeur, toutes les récompenses que j'avais demandées pour mes collaborateurs. Cette honorable réparation confond plus d'une calomnie.

(2) L'armée, en présence de l'ennemi, aurait consenti à toutes les privations; alors l'exactitude ponctuelle des distributions de vivres, l'enlèvement immédiat des blessés sur le champ de bataille, les soins qu'ils recevaient dans nos hôpitaux, dont toute l'armée avait admiré la construction magique, paraissaient le *nec plus ultrà* d'une administration active et prévoyante;

En effet la tàche de l'administration, si active et si pénible pendant la campagne, devenait plus fatigante chaque jour; car, non-seulement il fallait pourvoir au service journalier dans toutes ses parties, et faire transporter, sur les positions les moins éloignées, les vivres pour être distribués partiellement à chaque régiment (1); mais il fallait en même temps procéder à la reconnaissance de toutes les denrées ou marchandises agglomérées dans les maisons de la régence (2);

Déblayer les magasins de la marine, et préparer les locaux qui devaient servir à l'emmagasinement des approvisionnemens tirés de France;

Effectuer par terre l'enlèvement des approvisionnemens dont on avait formé un entrepôt sous les tentes de Staoueli;

---

mais, le but de la conquête une fois atteint, le mieux-être était une conséquence toute naturelle, et pourtant c'est alors que les souffrances les plus rudes et les privations les plus réelles ont assailli l'armée.

(1) Je fus obligé, pour céder à des instances réitérées, d'attacher des comptables à des brigades fort rapprochées de la ville, pour que les corps n'envoyassent pas des hommes de corvée aux distributions.

(2) Surtout une grande quantité de laine, comme on le verra plus bas.

Diriger le débarquement, si incertain, du matériel transféré de Sidy-el-Ferruch sur Alger (1);

Opérer le classement et l'emmagasinement du matériel;

Préparer et embarquer un mois d'approvisionnement pour les expéditions de Bonne et d'Oran ;

Enfin activer et surveiller, de jour et de nuit, la construction de l'hôpital dans les jardins de Mustapha Pacha, et celle de la manutention des vivres, qui seule, après l'évacuation de Sidy-el-Ferruch, devait pourvoir à la subsistance de l'armée.

Cependant le personnel de l'administration décroissait de jour en jour, et précisément au moment où les besoins du service exigeaient qu'il se décuplât.

COMMISSION DE GOUVERNEMENT.

Dans ces circonstances difficiles, et l'on pourrait dire à travers cet encombrement d'obstacles, je ne négligeai pas l'auxiliaire puissant que je devais trouver dans la commission du gouvernement.

---

(1) On a vu plus haut combien la mer est capricieuse dans ces parages.

Je la réunis le 7 juillet.

La première mesure d'ordre qu'elle provoqua fut la création d'un comité municipal maure, composé des syndics ou chefs des principales corporations de la ville, auprès duquel un commissaire du roi fut placé.

La commission, en proposant cette mesure, avait considéré qu'elle aurait constamment de graves difficultés à surmonter, soit qu'il s'agît de mesures d'urgence, soit qu'il fût question de mesures d'organisation générale, tant qu'il n'existerait pas un mode de communications régulières entre l'armée et les habitans.

Bientôt la commission, sentant le danger de prolonger plus long-temps l'interruption de plusieurs services publics, soumit à l'approbation du général en chef la nomination,

De codjia du marché au blé,

De petri melgi,

De codjia du marché au charbon.

Elle proposa également, comme une des mesures les plus importantes et les plus propres à hâter l'organisation du pays, la nomination d'un aga ou syndic des Arabes (fonctions précédemment attribuées à l'aga ou ministre de la guerre, dont l'objet était d'entretenir les relations du gouvernement avec les tribus par l'intermédiaire des kaids). Elle proposa, de plus, de pourvoir sur-le-champ au choix des nouveaux kaids (1), par l'entremise desquels le revenu des provinces pût arriver à la capitale. Enfin, pour prévenir toute suspension dans l'administration de la justice, elle proposa le maintien dans leurs fonctions des anciens cadis maures, de même aussi le maintien des tribunaux de rabbins pour les Juifs, et la suppression des tribunaux spéciaux et indépendans pour les Turcs, comme le moyen le plus prompt pour parvenir à leur expulsion totale et définitive, sous la condition expresse que tous les jugemens seraient soumis à l'*exequatur* de l'autorité française. De plus, dans le dessein de prendre immédiatement une connaissance exacte des détails de l'ancienne administration et des diverses ressources dont elle pouvait disposer, la commission convoqua successivement devant elle les principaux membres de l'ancien gouverne-

(1) Les kaids sont les représentans du gouvernement près les tribus arabes, et sont en rapport avec les scheicks ou chefs de tribus.

ment pour les entendre sur leur gestion passée et sur la situation de l'administration qui leur était confiée. C'est ainsi qu'elle procéda à l'audition de l'aga (ministre de la guerre), du babidzira (ministre de la marine), du codjia cavallo (ministre de l'intérieur), du petri melgi (chargé des inhumations), de l'emin seca (directeur de la monnaie), et du betil mal (curateur des successions des orphelins et des successions vacantes.

Par suite des renseignemens qu'elle obtint, elle organisa une administration mixte des douanes et de l'octroi de la ville d'Alger; elle forma aussi, sous l'approbation du général en chef, une commission des domaines, et mit auprès des unes et des autres un commissaire du roi chargé d'entretenir des rapports permanens avec elle (1).

Indépendamment de ces dispositions, la commission adjoignit aux deux interprètes de première classe attachés à ses travaux, un troisième interprète pour être chargé conjointement de compulser les livres de compte et les registres réunis par l'aga et ceux recueillis dans la chancellerie du dey

(1) Voir le Rapport (2e. partie).

(si l'on peut donner ce nom au local ouvert qui se trouve sous la galerie de la cour principale).

De son côté le comité municipal, plein de zèle et d'intelligence, se livrait sans relâche aux nombreuses améliorations que réclamait la police intérieure de la ville ; aussi bientôt vit-on , pour la première fois , quelques ruelles éclairées et la ville divisée en quartiers.

Mais il fallait pourvoir aux frais de ces divers travaux : A cet effet, le comité demanda, par l'entremise de M. le commissaire du roi, un crédit de dix mille francs. Cette circonstance est caractéristique, car dans ce pays où régnait naguère le yatagan (1), on voyait sans suprise tomber la tête de celui qu'on voulait dépouiller ; mais on ne comprenait pas la charge proportionnelle de l'impôt.

L'utile intervention du comité municipale donnait lieu d'espérer que la confiance s'établirait entre l'armée et les tribus de la plaine et de la montagne.

Attentif à observer tout ce qui aurait pu altérer la bonne intelligence ou nuire

---

(1) Epèce de sabre qui sert à trancher les têtes.

à la pacification générale qui se préparait, ce comité ne négligea, dans aucune circonstance, de prouver sa loyauté et son dévouement à l'armée. Au nombre des témoignages que nous en avons reçus, je citerai la lettre pleine d'intérêt qu'il adressa à la commisson du gouvernement à l'occasion de la course que le général en chef se proposait de faire à Belida.

« Alger, le 22 juillet 1830.

» Messieurs,

» Le bruit s'étant répandu parmi les hordes d'Arabes placées entre la ville d'Alger et les premiers » chaînons de l'Atlas, que son excellence monseigneur » le maréchal commandant en chef avait intention de » faire une promenade dans l'intérieur, les Arabes qui » sont en défiance sur le but de cette promenade, sont » fort agités depuis que la nouvelle leur en est parvenue, et nous venons d'apprendre que les tribus « de Beni Sala, Beni Mzra et Beni Messaoud se sont » éloignées en emmenant avec elles les 5 ou 600 bœufs » qui restaient à notre disposition sur les 1,100 que le » bey de Titery avait réunis.

» Nous avons été informés aussi que les Cabaïles et » les Arabes des diverses tribus se proposent d'assister » par députations à une grande conférence qui doit » avoir lieu dimanche 25 de ce mois, à Rossouta, » domaine de l'état, situé à trois lieues de la côte au » sud-est. Ces tribus ont invité l'aga à s'y trouver, et » l'ont prié d'amener avec lui deux ulemas de la ville » d'Alger et un membre du comité municipal. On sait

» que leur intention est de signer un pacte par lequel
» elles s'engageraient à vivre paisiblement entre elles
» et en paix avec l'armée française, en déclarant
» qu'elles attaqueraient la tribu qui se livrerait au
» désordre ou commettrait un acte d'hostilité envers
» les troupes françaises. Cette réunion nous vaudra
» indubitablement la restitution des bœufs enlevés par
» les trois tribus, et elle doit avoir d'ailleurs un ré-
» sultat si important et si heureux qu'il serait fâcheux
» qu'un accident quelconque vînt y mettre obstacle. »

Cette excursion eut de funestes conséquences, et cependant, annoncée depuis long-temps, peut-être y aurait-il eu faiblesse à ne la pas entreprendre.

A partir de cette époque, nos relations avec les Arabes non-seulement furent interrompues, mais les Cabailes reprirent leur audace, et les Turcs, que l'on avait tolérés dans la ville, conçurent de nouvelles espérances; ils entrèrent en relations avec les tribus de l'extérieur et leur firent passer des armes et de la poudre. C'est alors que renonçant à la tolérance, je dirai mieux, à la loyale confiance que l'on avait accordée aux Turcs restés en ville, le général en chef livra aux tribunaux militaires ceux qui avaient été pris en flagrant délit et ordonna la déportation de tous les autres.

Enfin la commission de gouvernement, éclairée sur les besoins du pays, arrêta les bases d'une organisation territoriale à laquelle le général en chef n'attendait, pour donner son adhésion, que de connaître les intentions du gouvernement, relativement à l'occupation.

DENRÉES ET MARCHANDISES.

Les commissions instituées par l'arrêté du 5 avaient terminé la reconnaissance de tous les locaux qui recélaient les denrées ou marchandises appartenant à la régence, et y avait apposé les scellés (1); mais elles

---

(1) Savoir : Blé de différentes qualités,
Gruau,
Sel,
Bois à brûler,
Laine,
Cuirs salés,
Cire,
Lin,
Toile d'Europe,
Plomb,
Cuivre,
Huile commune,
Marbre.

Indépendamment de quelques faibles quantités de denrées : miel, sucre, camphre, etc., qui furent remis au service des hôpitaux. Toutefois il fut impossible, dès le début, de constater par des inventaires exacts les quantités et les qualités des marchandises, particulièrement celles des laines.

avaient été dans l'impuissance de constater immédiatement la quotité et la qualité des laines et de la plupart des marchandises, parce qu'en effet les maisons qui les renfermaient étaient bondées de telle sorte, que pas un mouvement intérieur n'était praticable; et que les laines (1), ayant toutes une origine d'époque différente (ce qui s'explique par l'interruption des communications que le blocus avait imposée à la régence), étaient toutes de qualités variées et différaient entre elles de 15 à 20 p. 100, comme on l'a reconnu depuis.

La première disposition fut de fixer au 20 août les ventes aux enchères de toutes les marchandises qui ne seraient point jugées nécessaires aux besoins de l'armée,

---

(2) Les laines provenant des propriétés directes de la régence et des impôts frappés sur les tribus étaient emmagasinées en suin (c'est-à-dire sans être lavées), et quelques-unes dataient de 1828. Une quantité assez considérable avait été dispersée. Tous les moyens avaient été bons pour la défense (2e. partie, *pièces officielles*); aussi les batteries de la marine, le pont des bâtimens, étaient-ils couverts de balles de laine, entières ou dispersées; et de même retrouvait-on, confondues parmi les débris du château de l'Empereur, les masses de laine dont les Turcs avaient fait des épaulemens.

sous la condition que cette vente (rapport du 18 juillet au ministre de la guerre), serait immédiatement annoncée dans les départemens du Var et des Bouches-du-Rhône, par les soins de MM. les préfets et publiée par la voie des journaux. Je réclamai de plus auprès de M. le baron Rey, intendant militaire de la 8e. division, en résidence à Marseille, la note exacte des prix du commerce, afin de donner une base certaine aux enchères, et mettre le gouvernement à l'abri de toute collusion.

Toutefois on ne tarda guère à reconnaître de combien de difficultés les adjudications seraient accompagnées, et, le 28 juillet (2e. partie), le général en chef approuva que toutes les marchandises ou denrées inutiles au service de l'armée fussent chargées en retour sur les bâtimens qui nous apportaient des vivres, et dirigées sur Marseille pour y être à la disposition du gouvernement.

Mais, dans le dessein de ne pas se rendre coupable de déception envers les négocians attirés à Alger sur la foi des adjudications, il fut décidé que l'on formerait quelques lots dont la proportion et l'espèce seraient exactement constatées. (L'adjudication de ces petits lots n'a pas même eu lieu, et la totalité des marchandises doit être en ce moment réunie à Marseille.)

La valeur des marchandises et denrées de toute espèce ne saurait être exactement déterminée quant à présent (1); mais les 700 pièces de canon en bronze de qualité supérieure, dont une partie est déjà en France (2), peuvent être, selon l'opinion du commerce de Marseille, estimées de 3 à 4 millions. Ainsi, en ajoutant à ces valeurs les 49 millions du trésor, on reconnaîtra que la conquête d'Alger a produit au delà de 53 millions, sans parler des 800 pièces de canon en fonte, ni de l'immense quantité de poudre et de projectiles.

DISPOSITIONS ADMINISTRATIVES.

Nous touchions à la fin de juillet, lorsque l'enlèvement total des approvisionne-

---

(1) Le retard qu'éprouve l'arrivée des documens officiels que j'attends me met dans l'impossibilité de donner ici le chiffre exact de la valeur des denrées et marchandises.

(2) Le général Lahitte a commencé l'envoi des canons de bronze en France, dès le 10 juillet.

mens laissés à Sidy-el-Ferruch était effectué par la marine ; toute l'armée fut concentrée sous les murs d'Alger.

L'hôpital de Mustapha Pacha avait reçu une grande extension (1), et les travaux de la manutention pour lesquels le génie nous a donné un secours si efficace (2) étaient terminés.

L'expédition de Bonne et celle d'Oran étaient en marche et avaient été pourvues d'un mois de vivres. Enfin, dans le même temps, quarante-huit bâtimens du commerce, chargés de deux mois de vivres (deuxième commande), attendaient dans la rade que le déchargement des transports venus de Sidy-el-Ferruch fût terminé.

Alors le moment d'éclairer la gestion des comptables était arrivé, et rien ne pouvait plus retarder la formation de situations régulières des magasins, situations qu'il eût

---

(1) Cet établissement fut créé par M. le sous-intendant d'Arnaud, au zèle et aux talens duquel je ne saurais donner trop d'éloges.

(2) La manutention ayant été établie dans un des magasins casematés du port, il fallut faire des percemens dans des voûtes de 10 pieds d'épaisseur pour installer les cheminées.

été fort inutile, pour ne pas dire absurde, d'exiger pendant le cours de la campagne active, si l'on se rappelle de quelle manière les 80,000 ballots, caisses ou barils ont été jetés sur la plage, et quel a été le mouvement constant de toutes les denrées, soit pour les distributions journalières faites au loin, soit pour la formation de l'entrepôt de Staoueli, soit pour l'approvisionnement des redoutes.

Je prescrivis en conséquence l'établissement d'inventaires de rigueur au 1er. août, afin de connaître d'une manière précise l'étendue et la nature des pertes ou des avaries, et d'éviter la possibilité d'aucune confusion entre les approvisionnemens apportés par l'armée (première commande) et ceux qui se trouvaient dans le port.

En effet, à l'égard du service des vivres, la justification la plus vraie, la plus raisonnable, la seule exigible, était, après une consommation patente de quarante-six jours, de constater la quantité et l'espèce des denrées existantes en magasin au 1er. août.

Or, les approvisionnemens reçus à Marseille, et chargés sur les bâtimens nolisés

par la marine (1), avaient été calculés pour 60 jours. Nous étions au 1er. du mois d'août; l'armée avait vécu. . . . . 46 jours
et les magasins renfermaient encore (première commande) pour six à huit jours de vivres (2). . . 8

En somme, les approvisionnemens venus de Marseille avec l'armée l'avaient nourrie pendant. . 54 jours.

Ce rapprochement établit de la manière la plus satisfaisante le chiffre des pertes, et démontre qu'elles ont été dans une proportion hors de toute vraisemblance avec les chances du débarquement, celles des transports par terre, celles de la translation par mer de Sidy-el-Ferruch à Alger, et enfin avec celles qui avaient exposé pendant plus d'un mois nos approvisionnemens sans abri à l'influence d'un soleil brûlant.

Ce n'était point assez d'avoir dans le

---

(1) A l'exception de ceux qui ont porté les mille bœufs partis de Cette, que la marine n'avait pas voulu noliser elle-même.

(2) A l'exception toutefois du riz et du vin qui ont été distribués tous les jours, et d'après l'avis du conseil de santé, dans une proportion double de la ration habituelle.

port, au 1er. du mois d'août, des vivres pour deux mois :

« La côte d'Alger (rapport du 30 juillet) » est éminemment dangereuse ; c'est à » grand'peine que nous hasardons le débar- » quement de quelques denrées dans le fort » Babazoun. Au premier vent du nord ou » de nord-est tous les bâtimens sont en » perdition ; à partir du mois de septembre, » les chances de la navigation vont devenir » fort hasardeuses, et plus d'un bâtiment » sera en vue du port sans pouvoir y pé- » nétrer.

» J'ignore quelle sera la force de la divi- » sion d'occupation ; mais, ce chiffre déter- » miné, il faut se hâter d'approvisionner » Alger pour cinq à six mois.....

» Cet objet est grave ; il n'y a pas un in- » stant à perdre. J'aurais pu sans doute » faire une troisième commande à la mai- » son Seillière, je dirai même, dans mon for » intérieur, que ce serait le moyen le plus » prompt, le plus sûr, et peut-être aussi le » plus économique (1) ; mais l'opposition » s'arme trop facilement de préventions

(1) J'ai quelque lieu de penser que les comptes feront de cette opinion une vérité.

» pour que j'aie songé à prendre l'initiative;
» que l'on fasse de Paris ce que l'on jugera
» de plus convenable, rien de mieux.

» C'est encore en vue du même principe
» que j'ai provoqué du général en chef l'en-
» voi à Marseille des marchandises de toute
» espèce : laines, cires, plombs, etc., qui
» encombrent les maisons de la régence, en
» profitant pour ce déblaiement des navires
» qui apportent la deuxième commande, et
» que le département de la guerre doit payer
» en tout état de cause.

» Par ce moyen, je dégage l'intendance
» d'adjudications difficiles, et je prouve que
» rien ne sera ni occulte ni onéreux dans
» mon administration. (Voir la deuxième
» partie.) »

SITUATION DES SERVICES ADMINISTRATIFS AU 10 AOUT.

Il existait dans les magasins ou dans le port des vivres jusqu'au 20 octobre (1).

Le parc de bestiaux était approvisionné

(1) J'en excepte le riz et le vin, parce qué les commandes avaient été faites dans la proportion d'un quart de litre de vin et d'une once de riz, laquelle proportion dut être doublée d'après l'avis de MM. les officiers de santé en chef.

de 600 bœufs, et tout était préparé pour que l'adjudication du service des vivres-viande offrît de bons résultats.

Une manutention des vivres avait été construite dans l'enceinte même des magasins à la marine.

L'élargissement de la communication de la marine aux portes Babaloued et Babazoun s'opérait depuis quelques jours, et bientôt les chariots à deux et à quatre roues allaient avoir accès jusqu'à nos magasins.

Les hôpitaux avaient pris une extension suffisante pour contenir 1,550 malades.

Les travaux se continuaient, et 20,000 planches étaient attendues de Palma.

Les équipages militaires avaient été réorganisés dans une proportion relative aux besoins de l'armée, mais toutefois calculée de manière à suffire au service, dans l'hypothèse où l'on pousserait une forte reconnaissance dans l'intérieur des terres.

Le personnel du bataillon des ouvriers d'administration avait subi les modifications que l'expérience de la campagne avait rendues nécessaires.

Les dispositions d'ordre arrêtées pour la translation en France de toutes les marchandises appartenant à la régence, s'exécutaient sous la surveillance de M. le sous-intendant militaire Behaghel.

Déjà quelques régimens étaient installés en ville, et le moment n'était pas éloigné où les bivouacs devaient cesser.

En installant les troupes dans les maisons j'avais émis l'avis d'employer comme effet de casernement le hamac, dont le placement est si prompt et dont l'usage est si salubre dans les pays chauds. Le hamac offre surtout l'avantage, en se roulant pendant le jour, de ne pas encombrer les chambrées.

Enfin les choses étaient disposées de telle sorte que le service de l'armée n'était plus à bien dire qu'un service de place.

FRAIS DE L'EXPÉDITION.

L'armée a reçu, par les soins de la maison Seillière, quatre mois de vivres, calculés sur un effectif de 37,000 hommes et de 4,000 chevaux.

Ces approvisionnemens ont suffi à la subsistance de l'armée, du 16 juin au 20 octobre, parce qu'en effet la réduction progressive de l'effectif de l'armée a largement compensé les pertes et les avaries qui ont été la conséquence inévitable du débarquement.

La liquidation des quatre mois d'approvisionnemens, y compris les frais d'emballage, encaissement, etc., et le fret des bâtimens pour une partie de la première commande (deux mois), et la totalité de la deuxième commande (deux autres mois) ne dépassera pas cinq millions (1).

Les autres branches de service de la guerre subiront également avec honneur la loyale investigation des chambres, et les comptes prouveront ce que l'on doit attendre de prévisions sagement conçues et fidèlement exécutées.

Sans entrer, quant à présent, dans l'examen des divers chapitres de dépense de l'expédition, j'établis en fait (parce que les moyens de justifier cette assertion sont entre mes mains) qu'au 1er. octobre le montant total de la dépense, au compte du département de la guerre, ne s'élevait pas à. . . . . 20,000,000 fr.
y compris les 5 millions précités et toutes les dépenses

(1) Les denrées achetées par la maison Seillière ont été d'une qualité remarquable, et surtout remarquée pendant les jours de la campagne active.

N. B. Les prévisions du budjet s'élevaient à 9,034,000 fr. pour le service des vivres, y compris une réserve de deux mois qui n'a pas été réalisée.

Report.	20,000,000 fr.
de solde, de gratification, d'achat de chevaux, de mulets, d'effets de campement, de caissons, et généralement d'un matériel qui conserve une valeur que je veux négliger;	
Et que les frais de l'occupation, pendant les mois d'octobre, novembre et décembre, ne dépasseront pas. . .	5,000,000
En tout, au compte de la guerre (1).	25,000,000
Plus, au compte de la marine, en admettant sans restriction le chiffre posé dans le rapport du 18 septembre. . .	23,500,000
Dépense totale au 1er. janvier 1831.	48,500,000 fr.

J'ai émis l'opinion que la publicité et la concurrence étaient, en matière de fournitures, la voie la plus raisonnable, celle qui procurait généralement les meilleurs résul-

(1) La reddition des comptes révèlera des réductions dont je crois inopportun d'indiquer aujourd'hui la source.

tats, et surtout celle qui offrait la garantie la plus solide à la responsabilité ministérielle.

Toutefois j'ai aussi émis l'opinion (partagée par les administrateurs éclairés), que dans des circonstances données, où le moindre retard pourrait compromettre le succès d'une expédition, il y avait avantage à faire opérer les achats à commission par des maisons de commerce bien famées.

Le ministère, informé par mon rapport du 30 juillet qu'il fallait ravitailler Alger pour six mois avant la fin d'octobre, a dit :

« Étant pressé par le temps, une troi-
» sième commande a été faite à la maison
» Seillière. »

Or, le temps pressait bien autrement le 25 février.

RÉSUMÉ.

Le 14 juin, l'armée a touché le sol de l'Afrique, et le 5 juillet elle avait atteint le but de sa mission. Ainsi, en vingt jours, cette armée avait vengé le pavillon français, détruit la piraterie, et enfin accompli les vœux que formaient depuis trois siècles les hommes généreux et éclairés de toutes les nations.

C'était peu de contester à cette armée

une gloire acquise au prix de son sang : on a essayé de lui porter des coups bien plus sensibles, puisqu'ils touchent à l'honneur (1).

Cependant les faits parlent.

Le produit de la conquête dépasse de beaucoup. . . . 53,000,000 fr. et les frais d'expédition pour la guerre et la marine, y compris l'occupation jus-

(1) Lorsque tous les pas de l'armée étaient marqués par des succès, on a supposé qu'elle n'éprouvait que des revers. Tantôt le camp de Staoueli était forcé ; tantôt l'ennemi avait surpris et massacré des compagnies entières ; tantôt des convois avaient été enlevés ; cependant jamais le moindre accident n'avait donné lieu à ces fictions. Ce n'est que le 27 juin que la totalité des chevaux des vivres, et ceux des équipages de siége, furent débarqués dans la presqu'île de Sidy-el-Ferruch. On triompha de ce retard ; l'administration prêta à l'artillerie quelques attelages : ceux des batteries de campagne et ceux du parc servirent à faire arriver les gros canons et leurs projectiles dans les batteries de siége.

La campagne, contre toute probabilité, avait duré vingt jours, et ceux-là même qui s'étaient évertué à démontrer que le succès était impossible, qui avaient peint l'armée expirant de soif et de chaleur, accablée sous le nombre, échouant devant des murs inexpugnables, prétendirent, après le succès, que l'on avait marché avec une lenteur inexcusable !.....

Report. . . . . 53,000,000 fr.
qu'au 1er. janvier 1831, ne s'élèveront pas à. 49,000,000

Produit net de la conquête, tous frais payés. . . . . . . 4,000,000 fr.
non compris la valeur très-considérable des poudres, des projectiles et des mille canons en fer coulé.

Le ministère avait reçu les rapports officiels qui l'informaient :

(8 *juillet*) Que la reconnaissance des valeurs existantes dans le trésor de la régence s'effectuait avec toute la publicité que réclamait une opération si délicate ;

(30 *juillet*) Que la totalité des marchandises appartenant à la régence allait être transportée à Marseille par le retour des bâtimens qui apportaient les vivres; que cette disposition offrirait le double avantage de dégager l'administration de l'armée d'une adjudication qui serait infailliblement moins avantageuse pour l'état, qu'en l'opérant en France, où ces marchandises acquerraient une valeur plus considérable que sur la côte d'Afrique ;

(30 *juillet*) Qu'il fallait songer à ravitailler l'armée pour cinq à six mois avant la fin d'octobre; que le moyen le plus prompt aurait été de faire une troisième commande à la maison Seillière, mais que les denrées (la viande exceptée) devant être tirées de France, l'intendant en chef, en éclairant le ministère sur les meilleurs moyens à employer, pensait qu'il était préférable de traiter de Paris ;

(8 *août*) Que l'envoi du procès-verbal détaillé des opérations de reconnaissance et d'inventaire du trésor de la régence ferait connaître à M. le ministre des finances les soins, la publicité et l'exactitude que la commission des finances avait apportés dans ses opérations.

De plus, M. l'amiral Duperré, à peine de retour en France, exprimait à M. le ministre de la marine, avec une loyale fermeté, l'indignation dont il avait été pénétré en lisant les inculpations calomnieuses dont on cherchait à flétrir l'armée d'Afrique, et surtout de ce qu'on semblait vouloir étayer ces délations mensongères de l'autorité de la marine.

Enfin, à son arrivée à Paris, M. l'amiral Duperré (et ce sont ses propres paroles) s'est plu à rendre publiquement le même témoignage.

Tous ces faits parlaient assez haut; cependant M. le ministre des finances est monté à la tribune pour dire : « La conquête couvrira à peu près les frais de l'expédition ; » mais elle aurait produit bien au delà si » la probité de quelques agens avait été plus » générale. »

Ce serait le cas de demander si un ministre n'abuse pas du droit d'accuser, lorsqu'au lieu d'articuler nettement les noms des agens qu'il inculpe, il préfère laisser planer sur tous un insidieux soupçon.

Si M. le ministre des finances avait eu la patience d'attendre le résultat de l'enquête ordonnée par M. le général Clauzel, il se serait épargné de porter hautement une accusation que les faits devaient démentir, et qu'a en effet démentie d'une manière si formelle l'ordre du jour de l'armée d'Afrique, à la date du 22 octobre, dont voici les expressions textuelles :

« Le général en chef éprouve une grande » satisfaction en faisant part à l'armée du résultat de l'enquête faite à Alger sur le prétendu pillage des trésors de la Casauba.

» La déclaration expresse de la commission » est que rien n'a été détourné du trésor de la » Casauba, et qu'il a tourné au contraire tout » entier au profit du trésor de France. »

FIN.

Casauba, le 10 août 1830.

LETTRE

Du général en chef au ministre chargé du portefeuille de la guerre.

L'état alarmant de la santé de M. le baron Denniée, intendant en chef de l'armée, me met dans la nécessité de lui donner l'ordre de rentrer en France. Les travaux auxquels il s'est livré pendant la campagne, les fatigues de toute espèce qu'il a éprouvées ont épuisé ses forces. M. Denniée a fait un dernier effort pour donner à l'administration qu'il dirigeait une organisation conforme à la position où va se trouver l'armée.

Si c'est avec regret que je le vois s'éloigner, du moins c'est avec la pleine conviction que l'armée n'aura point à souffrir de son absence.

Agréez, etc.

Signé le Comte de Bourmont.

Casauba, le 10 août 1830.

ORDRE DU JOUR.

Les fatigues de la campagne, l'activité avec laquelle il a servi, ont gravement altéré la santé de M. le baron Denniée, intendant en chef de l'armée. La cessation de toute espèce de travail lui est rigoureusement imposée. Le maréchal commandant en chef l'a autorisé, quoiqu'à regret, de rentrer en France. En conséquence, à compter du 10 août, M. le sous-intendant militaire baron de Sermet remplira les fonctions d'intendant de l'armée (1). M. le sous-intendant Bruguière remplacera M. de Sermet dans le service dont il est chargé. C'est à lui que MM. les officiers généraux et chefs de corps devront s'adresser pour tout ce qui est relatif à ce service.

Le maréchal commandant en chef
l'armée d'expédition d'Afrique,
Signé Comte de Bourmont.

Pour copie conforme :

Le lieutenant-général chef d'état-major général,
Signé Desprez.

(1) *Voir* les pièces officielles.

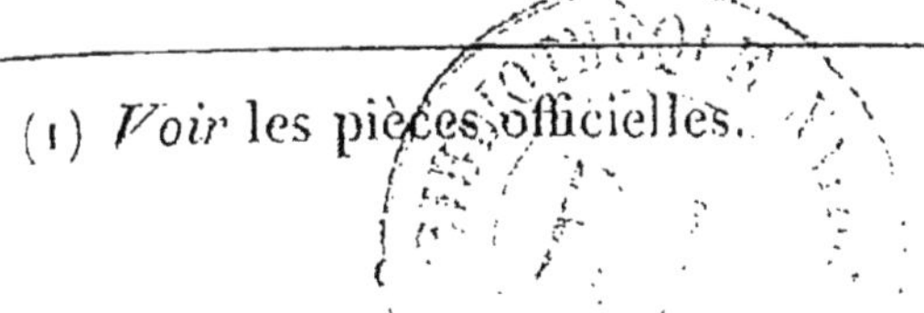

NOTES.

Note A.

Composition de l'armée navale :

VAISSEAUX.	CAPITAINES.
Algésiras,	Ponée.
Breslaw,	Maillard de Lincourt.
Couronne,	Comte de Bossi.
Duquesne,	Barochc.
Marengo,	Duplessis-Paserau.
Nestor,	Latreyte.
Provence,	Villaret de Joyeuse.
Scipion,	Emeric.
Superbe,	Cuvillier.
Trident,	Caly.
Ville-de-Marseille,	Robert.

FRÉGATES	CAPITAINES.
Amphitrite,	Serec.
Aréthuse,	de Moges.
Arthémise,	Cosmao-Dumanoir.
Belle-Gabrielle,	Laurent de Choisy.
Bellone,	Gallois.
Circé,	Rigaudit.
Cybèle,	de Robillard.
Didon,	Villeneuve de Barsemont.
Duchesse de Berry,	Kerdrain.
Guerrière,	de Rabaudy.
Herminie,	Le Blanc.
Iphigénie,	Christy-Pallière.
Jeanne-d'Arc,	Lettré.
Marie-Thérèse,	Billard.
Magicienne,	Bégué.
Médée,	Duplanty.
Melpomène,	Lamarche.
Pallas,	Forsans.
Proserpine,	de Roverseaux.
Surveillante,	Trosel.
Syrène,	Charmasson.
Thémis,	Le Goavant de Tromolin.
Thétis,	Lemoine.
Vénus,	Bussel.

CORVETTES.	CAPITAINES.
Bayonnaise,	Ferrin.
Cornélie,	Sary.
Créole,	de Péronne.
Echo,	Graëb.
Orythie,	Suneau.
Perle,	Villenau.
Victorieuse,	Guérin-des Essarts.

BRICKS.	CAPITAINES.
Alacrity,	Laisné.
Actéon,	Hamelin.
Adonis,	Huguet.
Alerte,	de Nercial.
Aventure,	d'Assigny.
Alsacienne,	Cléry.
Badine,	Guindet.
Capricieuse,	Brindejonc.
Cigogne,	Barbier.
Comète,	Ricard.
Cuirassier,	La Rouvraye.
Cygne,	Longer.
D'Assas,	Pujol.
Dragon,	Le Blanc.
Ducouëdic,	Gay de Taradel.
Endymion,	Nonay.
Eurigale,	Parceval.
Faune,	Coutiotte.
Griffon,	du Petit-Thouar.
Hussard,	Thoulon.
Lézard,	Herpin de Fiémont.
Marsouin,	de Forget.
Rusé,	Jouglas.
Sylène,	Bruat.
Voltigeur,	Ropert.
Zèbre,	Férec.

CORVETTES DE CHARGE.	CAPITAINES.
Adour,	Lemaitre.
Astrolabe,	Vermissac-Saint-Maur.
Bonète,	Parnajon.

CORVETTES DE CHARGE.	CAPITAINES.
Caravanne,	Denis.
Dordogne,	Mathieu.
Lybie,	Costi.
Rhône,	Despointes.
Tarn,	Fleurine-Lagarle.
BOMBARDES.	**CAPITAINES.**
Achéron,	Lévêque.
Cyclope,	Texier.
Dore,	Lelong.
Finistère,	Rolland.
Hécla,	Olivier.
Vésuve,	Mallet.
Volcan,	Brait.
Vulcain,	Baudin.
GABARRES.	**CAPITAINES.**
Bayonnais,	Lefèvre d'Abaucourt.
Chameau,	Coudein.
Désirée,	
Lamprois,	Dressault.

GABARRES.	CAPITAINES.
Robuste,	Delassaux.
Truite,	Miegerille.
Vigogne,	de Sercey.
Garonne,	Aubri de la Noé.
GOELETTES.	**CAPITAINES.**
Daphné,	Robert Dubreuil.
Tris,	Guérin Nicolas.
BATEAUX A VAPEUR.	**CAPITAINES.**
Coureur,	Pujeol.
Nageur,	Louvrier.
Pélican,	Janvier.
Rapide,	Gatier.
Souffleur,	Grandjean de de Fonchy.
Ville-du-Hâvre,	Turrault.
Sphinx,	Sarlat.
BALANCELLE.	**CAPITAINES.**
Africaine,	de Vitriolles Magloire.

Note B.

« Le ministre, ayant pris connaissance des divers modes qui lui ont été proposés pour pourvoir à la formation des approvisionnemens nécessaires à l'armée expéditionnaire, a reconnu que ces différens moyens se réduisaient :

» 1°. En marchés à prix ferme pour des denrées à livrer, soit au point d'embarquement, soit à destination ;

» 2°. En achats par commission, soit par l'entremise des agens directs de l'administration, soit par la voie du commerce.

» La promptitude et la discrétion qu'exigent des préparatifs de la nature de ceux à faire, ne permet pas de recourir à la voie des adjudications publiques, ni même à une concurrence étendue ; on ne peut d'ailleurs confier au moins offrant des opérations desquelles peut dépendre le succès d'une expédition importante. D'un autre côté, un marché passé sans concurrence, tel avantageux qu'il puisse être sous les rapports des prix et des ga-

» ranties, ne serait jamais à l'abri des attaques de » la malveillance; enfin ce mode aurait l'inconvénient » de lier l'administration de l'armée, et de la mettre » dans l'impossibilité de profiter des avantages que » les localités pourront présenter. Ce moyen ne peut » donc être admis.

» Les achats par commission offrent au contraire » toutes les garanties possibles, en ce qu'ils doivent » être justifiés par les mercuriales, certificats du com- » merce, et autres documens exigés par les règlemens : » la seule responsabilité qui puisse résulter de ce » mode, est dans le choix des personnes auxquelles » l'exécution en sera confiée.

» Le succès de cette opération dépend entièrement » du secret et de la bonne direction à donner aux » achats. Les agens directs de l'administration mili- » taire ont pu être employés avec avantage lorsqu'il » s'agissait de petits approvisionnemens de localités » dont le peu d'importance ne pouvait influer sur les » prix des denrées; mais pour des achats aussi impor- » tans le commerce seul peut agir avec succès.

» Ayant adopté ce dernier mode, il ne s'agit plus que » de faire choix d'une maison qui présente toutes les » garanties désirables sous les rapports des moyens » d'exécution, de la moralité, du crédit et de la con- » sidération publique.

» Dès que cette maison aura été désignée, et qu'elle » aura accepté, on lui fera connaître les quantités » d'approvisionnemens de toute nature à acheter; les » points de réunion et les époques auxquelles elles de- » vront être réunies; les conditions réglémentaires im- » posées aux commissionnaires pour la justification de » leurs achats, tant sous le rapport du contrôle de leurs » opérations que pour la régularisation des achats et » des livraisons; les modes de paiement et les conven- » tions, quant aux commissions et aux frais accessoires.

» S'il existe dans les magasins du service de l'inté- » rieur des denrées dont on puisse disposer sans nuire » à ce service, elles pourront être immédiatement affec- » tées à celui de l'armée, mais sauf remplacement im- » médiat par la voie de la commission indiquée ci-des- » sus, et le montant de ces remplacemens sera porté » au débit du compte de l'armée expéditionnaire.

» Le matériel du service des hôpitaux et du campe- » ment existant dans les magasins de l'intérieur, ou » qui y sera confectionné, sera dirigé immédiatement » sur le point d'embarquement.

» M. l'intendant en chef de l'armée, à la disposi- » tion duquel on mettra de suite le nombre de sous- » intendans militaires et d'agens des divers services » nécessaires, prendra des mesures pour assurer la » reconnaissance, la réception, la manutention, l'en- » caissement, ensachement, etc., et enfin l'embar- » quement des approvisionnemens, ainsi que tout le » matériel qui sera réuni pour l'expédition.

» Des ordres seront donnés aux intendans des divi- » sions militaires dans lesquelles la réunion de ce ma- » tériel aura lieu, pour qu'ils défèrent aux demandes » de M. l'intendant en chef, en tout ce qui doit con- » courir au service de l'armée expéditionnaire.

» MM. les généraux commandant les divisions mili- » taires, ainsi que S. Exc. le ministre de la marine, » seront prévenus de la mission de M. l'intendant en » chef.

» Des fonds seront mis à la disposition de M. l'in- » tendant en chef pour l'acquittement de toutes les » dépenses qui ne devront pas être payées sur ordon- » nances directes du ministre.

» Une instruction rédigée d'après ces bases sera » adressée à M. l'intendant en chef.

» Paris, ce 22 février 1830.

» *Signé* : COMTE DE BOURMONT. »

Note C.

ORDRE POUR LE DÉBARQUEMENT.

« MM. les sous-intendans du quartier-général et » des divisions prendront les ordres de l'intendant » en chef, au fur et à mesure du débarquement. Il » en sera de même de MM. les officiers de santé en » chef et de MM. les chefs des divers services admi- » nistratifs.

» Le matériel des ambulances de premiers secours, » placé sur le n°. 73, 3e. série, *la Couronne*, *l'Iphi-* » *génie* et *le Rhône*, seront débarqués sur la côte en » même temps que les troupes.

» MM. les sous-intendans du quartier-général et » des divisions actives donneront, avant leur dé- » part de Toulon, des instructions spéciales à MM. les » officiers de santé et d'administration des hôpitaux, » sur les devoirs de surveillance qu'ils devront ob- » server lors du débarquement des ambulances.

» Une division de bateaux-bœufs mettra à la côte, » au premier débarquement, 400,000 rations de vivres » de toute espèce, et immédiatement après le débar- » quement de la deuxième division, une division de » 8 bateaux du commerce débarquera 400,000 autres » rations.

» Le plus grand ordre devra être observé dans le » classement des approvisionnemens déposés à terre. » En conséquence, et dans le dessein d'y parvenir, » les points sur lesquels ces approvisionnemens de- » vront être groupés seront indiqués par des signaux » aux couleurs distinctives désignées ci-après :

» Blanc. . . . . . Farine.
» Aurore. . . . . Biscuit.
» Aurore et blanc. Fours.
» Rouge. . . . . Viande salée.
» Blanc et rouge. Légumes et liquides.

»Amaranthe. . .	Campement.
»Jaune.	Foin.
»Bleu.	Avoine.
»Bleu ciel. . . .	Matériel des hôpitaux.
»Bleu et blanc. .	Ambulances du quartier-général.

» MM. les officiers de santé, désignés pour le ser- » vice des hôpitaux n°. 1, 2, 3, 4 et 5, et ceux de la » réserve, de même que les officiers et agens d'ad- » ministration des divers services, autres que ceux » des divisions actives, se réuniront, immédiatement » après le débarquement, sous le commandement de » leurs chefs, et demeureront formés dans le plus » grand ordre, sur les points marqués par les signaux » distinctifs des services auxquels chacun d'eux est » attaché. Ils recevront des ordres ultérieurs sur les » travaux auxquels ils auront à concourir.

» Le bataillon des ouvriers d'administration se » formera à la gauche de MM. les officiers de santé » et agens de l'administration, sous le commandement » de M. le capitaine Vanwensel, capitaine de la » 1re. compagnie, qui enverra un des officiers du ba- » taillon recevoir les ordres de l'intendant en chef.

» Les ouvriers auxiliaires d'administration se for- » meront à la gauche du bataillon et y attendront » des ordres.

» (1re. section des hôpitaux, sous la direction de » M. Bilco, officier principal d'administration.

» 2e. section des subsistances, sous la direction de » M. Breidt, directeur des subsistances.)

» Le commandant des équipages militaires donnera des ordres pour que le détachement de la compagnie » des ouvriers des équipages se forme en bon ordre, » et le dirigera sur les points de débarquement où » les voitures seront remontées.

» Il se rendra de sa personne, au moment du dé- » barquement, auprès de l'intendant en chef.

» Des fanaux, aux mêmes couleurs distinctives que » les signaux, seront éclairés pendant la nuit, afin de » ne pas retarder les travaux. »

» L'intendant en chef de l'armée
» d'expédition d'Afrique,

» BARON DENNIÉE. »

Note D.

ORDRE DONNÉ A CHAQUE EMPLOYÉ DES SERVICES ADMINISTRATIFS.

L'agent d'administration le plus élevé en grade, embarqué sur un bâtiment chargé de matériel de l'administration, recevra du capitaine communication des factures de chargement et en prendra copie. Il veillera, sans que cela diminue en rien la responsabilité du capitaine, à ce que ces effets soient convenablement arrimés; et, s'il pensait qu'il y eût lieu à prendre quelque mesure de conservation, il demanderait au capitaine de la faire effectuer.

Au moment du débarquement, il s'assurera que tout ce qui sera dans le bâtiment soit débarqué, et viendra prendre de suite les ordres de l'intendant en chef ou du sous-intendant militaire chargé de la police du matériel embarqué, sur le point où ces effets devront être réunis, etc.

Enfin, dans le cas où il se trouverait sur le bâtiment une ou plusieurs voitures démontées des équipages militaires, le porteur du présent est, sous sa responsabilité, chargé d'en faire opérer le débarquement, en s'assurant que toutes les parties ou pièces qui composent les voitures seront transportées à la côte sans qu'il en manque aucune, etc.

Toulon, 8 mai 1830.

L'intendant en chef,

Signé : BARON DENNIÉE.

Note E

COMPOSITION DE LA RATION DE DÉBARQUEMENT.

5 livres de biscuit.
2 livres de viande cuite.
1 ration de fromage.
1 demi-litre de vin et un demi-litre d'eau, dans les bidons de fer-blanc.
1 litre d'eau saturée d'un huitième d'eau-de-vie.
10 onces de riz.

Note F.

M. de Kerdrain communiqua le soir même avec M. l'amiral, et, le 26 à midi, *la Provence* revira de bord pour aller à la rencontre de la frégate turque. Étant à son travers, elle lui fit un salut de vingt-et-un coups de canon, auquel il fut répondu immédiatement.

Taher-Pacha vint à notre bord; l'équipage était en tenue, et la grade sous les armes; M. l'amiral attendait sur le pont, précédé par son capitaine de pavillon, et accompagné de l'état-major de l'armée d'expédition.

Taher-Pacha avait à sa suite deux drogmans; sa figure est régulière et calme, son regard vif et pénétrant; ce n'est point un turban qui couvre sa tête, il porte le bonnet grec; sa démarche est lente et ses manières affectueuses.

Nous apprîmes par Taher-Pacha (il parle l'italien avec une grande facilité), qu'il avait quitté Constantinople dans les premiers jours d'avril, et avait d'abord relâché à Tunis, où il n'était resté que quatre jours, pour de là se diriger sur Alger, avec mission de la Porte d'amener le dey à des accommodemens; cependant il n'avait pas pu communiquer, parce qu'en effet les ordres de M. le capitaine de Massieu, commandant le blocus, s'y opposaient.

Taher-Pacha resta une demi-heure à bord, où il accepta le café que lui offrit M. l'amiral; toutefois, pendant cet entretien, l'aspect imposant de cette innombrable armée (l'escadre) l'avait vivement frappé; son regard annonçait une sorte de préoccupation, et nous remarquâmes à deux ou trois reprises qu'il avait fixé les fenêtres de la dunette, comme pour s'assurer que sa frégate ne quittait pas sa position.

Taher-Pacha continua sa route vers Toulon. Sa visite, dont on ignorait le motif, devint pour le reste de l'escadre le sujet de commentaires et de conjectures sans fin.

ACTES

ET

DOCUMENS.

SECONDE PARTIE.

ACTES ET DOCUMENS.

SECONDE PARTIE.

[ARM]ÉE EXPÉDITIONNAIRE D'AFRIQUE.

RÉPARTITION DU SERVICE

DE L'INTENDANCE MILITAIRE.

M. LE Bon. DENNIÉE, INTENDANT EN CHEF.

	NOMS DES SOUS-INTENDANS ET ADJOINTS.	GRADES.	SERVICE DONT ILS SONT CHARGÉS.
QUARTIER GÉNÉRAL.	LAMBERT. EYBARD DE S.-JEAN.	Sous-intendant de 2e. classe. Sous-intendant de 3e. classe.	Détachés près de l'intendant en chef. Service des fonds et de la comptabilité générale. Centralisation des services des hôpitaux, du campement et des équipages militaires. Trésorerie et postes. Bureau lithographique. Interprètes. Ordonnancement des frais de justice militaire, des traitemens de l'état-major général, de l'intendance militaire et des ingénieurs géographes.
QUARTIER GÉNÉRAL.	Baron DE SERMET. DE RAYNAL.	Sous-intendant de 1re. classe. Adjoint.	Centralisation, près l'intendant en chef, du service des subsistances. Service du quartier-général. Police de la gendarmerie et des troupes de cavalerie. Tenue des contrôles et ordonnancement des traitemens du personnel des subsistances militaires et du bataillon d'ouvriers d'administration.

	NOMS DES SOUS-INTENDANS ET ADJOINTS.	GRADES.	SERVICE DONT ILS SONT CHARGÉS.	
RÉSERVE DU QUARTIER GÉNÉRAL.	BRUGUIÈRE.	Sous-intendant de 2ᵉ. classe.	Police spéciale des hôpitaux et du magasin central. Tenue des contrôles et ordonnancement des traitemens du personnel de santé. *Id. id.* du personnel de l'administration des hôpitaux.	
	FERRAND DE SALIGNY.	Sous-intendant de 3ᵉ. classe.	Police spéciale des magasins centraux des vivres-pain, vivres de campagne et liquides.	
	ORVILLE.	Sous-intendant de 3ᵉ. classe.	Police spéciale des magasins centraux des vivres-viande, des fourrages et du chauffage.	
	Cᵗᵉ. DE FONTENAY.	Sous-intendant de 3ᵉ. classe.	Police spéciale du parc central des équipages militaires. Police spéciale du magasin central du campement. Tenue des contrôles et ordonnancement des traitemens de tout le personnel du campement.	
1ʳᵉ. DIVISION.	SERGENT DE CHAMPIGNY. BARBIER.	Sous-intendant de 3ᵉ. classe. Adjoint.	3ᵉ. rég. de lig. 14ᵉ. *id.* 20ᵉ. *id.* 28ᵉ. *id.* 37ᵉ. *id.* Bataillons du 2ᵉ. et 4ᵉ. léger réunis.	L'ambulance. Les subsistances et les fourrages. Le campement. Sections du bataillon d'ouvr. d'administration attachées à la divis.
2ᵉ. DIVISION.	BEHAGHEL. DUBOIS.	Sous-intendant de 3ᵉ. classe. Adjoint.	6ᵉ. rég. de lig. 15ᵉ. *id.* 24ᵉ. *id.* 29ᵉ. *id.* 48ᵉ. *id.* 49ᵉ. *id.*	L'ambulance. Les subsistances et les fourrages. Le campement. Sections du bataillon d'ouvr. d'administration attachées à la divis.

	NOMS DES SOUS-INTENDANS ET ADJOINTS.	GRADES.	SERVICE DONT ILS SONT CHARGÉS.	
3e DIVISION.	D'ARNAUD.	Sous-intendant de 2e. classe.	17e. rég. de lig. 23e. id. 30e. id. 34e. id. 35e. id. Bataillons réunis du 1er. et 9e. léger.	L'ambulance. Les subsistances et les fourrages. Le campement. Sections du bataillon d'ouvr. d'administration attachées à la divis.
	MERLE.	Adjoint.		
PARCS DE L'ARTILLERIE ET DU GÉNIE.	CHARPENTIER.	Sous-intendant de 3e. classe.	Le matériel de l'artillerie et du génie. Le personnel de l'état-major particulier de l'artillerie et du génie, et l'ordonnancement des traitemens. Les troupes de l'artillerie et du génie, l'ambulance, les vivres, les fourrages et le campement.	
	FROSTÉ.	Idem.	Détaché près M. le chef de l'état-major général.	
	Vte. DE LIMOGE.	Adjoint.	Police administrative de l'hôpital militaire de Mahon et des services établis dans cette place.	

Marseille, le 3 mai 1830.

L'intendant en chef de l'armée d'Afrique,

BARON DENNIÉE.

RAPPORT

Au général en chef.

A l'ouverture de chaque campagne il est d'usage que le ministre des finances fasse déterminer, dans un tarif arrêté par lui, le rapport des monnaies de France avec celles des pays où doit être porté le théâtre de la guerre.

Pour pouvoir arrêter ce tarif avec une parfaite connaissance de causes, en ce qui concerne les états barbaresques, S. Exc. M. le comte de Chabrol a chargé M. Firino, payeur-général de l'armée expéditionnaire, de recueillir et de lui transmettre tous les élémens propres à l'établir sur des bases sûres, après s'être concerté avec le général en chef et l'intendant en chef.

M. Firino a préparé son travail; mais avant de l'adresser à S. Exc. le ministre des finances, et pour avoir des garanties plus certaines de son exactitude, il serait convenable de le soumettre à la discussion d'une commission spéciale qui le vérifierait dans toutes ses parties, et qui, par sa sanction, lui donnerait un caractère plus complet de certitude.

L'établissement d'un tarif des monnaies est une opération délicate et pour laquelle on ne saurait trop s'entourer de lumières. La formation d'une commission appelée à donner son avis sur un tel travail, sera donc une chose utile et convenable tuot à la fois.

Si le général en chef approuve l'établissement de cette commission, je lui proposerais de la composer de la manière suivante :

L'intendant en chef. . . . . . . M. le B^on^. Denniée.

Le payeur général. . . . . M. Firino.

Le receveur général des Bouches-du-Rhône. . . . . M. Bricogne.

Le directeur des monnaies à Marseille. . . . . M. Ricard.

Un employé de l'administration des monnaies. . . . . . M. Tocquey.

M. Deval, neveu du dernier consul de France à Alger.

Lorsque la commission aura arrêté son travail, le tarif qui en résultera sera soumis à l'approbation de son excellence.

Marseille, le 29 avril 1830.

L'intendant en chef de l'armée d'Afrique,

Signé Baron Denniée.

RAPPORT

Au général en chef.

Une commission nommée par le ministre de la guerre a été chargée de proposer les mesures sanitaires à observer pour l'armée d'expédition d'Afrique ; ces mesures peuvent s'analyser ainsi qu'il suit :

1°. De se laver le visage deux fois par jour au moins ;

2°. De se baigner peu de temps après le lever ou avant le coucher du soleil, et jamais dans la grande chaleur du jour, en évitant de se baigner dans les eaux stagnantes ou dans les mares, et même dans la mer, lorsque ces bains déterminent des éruptions à la peau ;

3°. D'éviter l'usage des liqueurs fortes qui sont on ne peut pas plus pernicieuses dans les pays chauds ;

4°. De ne boire du vin qu'avec modération et mêlé d'eau, ainsi que l'eau-de-vie toujours étendue dans beaucoup d'eau ;

5°. D'éviter de boire beaucoup d'eau à la fois, et d'avoir soin de la mélanger avec du vin ou de l'eau-de-vie ;

6°. D'éviter de manger des fruits verts, et même des fruits mûrs, tels que les figues et les abricots ;

7°. De ne pas boire de l'eau de mare sans la passer dans un mouchoir, pour éviter d'avaler les sangsues ;

8°. De ne manger de viande salée qu'après l'avoir fait dessaler dans l'eau de mer pendant quelques heures avant de la cuire;

9° De ne jamais rester découvert la nuit, même par les plus fortes chaleurs;

10°. De conserver le bonnet de police pour dormir, en rabattant avec soin les montans pour se couvrir les oreilles et les yeux.

Les prescriptions seraient imprimées en nombre suffisant pour que chaque soldat en eût un exemplaire appliqué sur l'enveloppe de son livret, en observant que la dimension de la feuille imprimée fût conforme à celle habituelle du livret du soldat, indépendamment de ce qu'on aurait eu soin d'en prescrire la lecture à l'ordre des régimens au moins une fois chaque semaine.

Indépendamment de ces mesures hygiéniques, il en est d'autres d'une importance majeure et qui cependant n'ont point été traitées par la commission de Paris; elles doivent avoir pour objet de déterminer la formation et l'administration intérieure de lazarets soit de terre, soit de mer, où les personnes et les marchandises venant des points de la côte de Barbarie ou de tous les autres plus ou moins contaminés, devraient faire quarantaine et n'être admises à communication qu'après les précautions d'usage.

Il est donc essentiel que les mesures à adopter soient discutées et arrêtées avant l'époque de l'embarquement, et aucun lieu plus que Marseille, où se trouve la commission sanitaire du lazaret, n'offre de moyens de s'éclairer et de se fixer sur des points d'une importance aussi sérieuse.

En conséquence, on a l'honneur de proposer à son excellence d'écrire à M. le préfet pour le prier de réclamer un règlement de MM. les membres de la santé publique, pour le service sanitaire de l'armée d'Afrique.

Marseille, le 30 avril 1830.

L'intendant en chef de l'armée expéditionnaire d'Afrique,

Signé Baron DENNIÉE.

INSTRUCTION

A messieurs les sous-intendans militaires et adjoints à l'intendance de l'armée d'expédition d'Afrique.

L'importance des devoirs imposés à l'intendance militaire semble encore augmentée par les difficultés de toute espèce inhérentes aux services administratifs dans l'expédition qui se prépare, mais plus ces devoirs présentent de difficultés, plus aussi chacun de nous rivalisera-t-il de zèle et de dévouement. Toutefois, pour parvenir au résultat que nous avons la noble ambition d'atteindre, et donner à l'administration de l'armée une impulsion forte et régulière, il est par-dessus tout essentiel que chacun se pénètre bien de la nature de ses attributions, étudie avec réflexion les meilleurs moyens d'exécution, et enfin ne perde jamais de vue que l'unité, ce principe de force, est ici une première nécessité. Une surveillance de tous les instans, une assistance mutuelle, quels que soient les services dont on est chargé, des rapports faciles avec les corps, de la bienveillance et de la sévérité avec les agens de l'administration, telles doivent être les règles de conduite de tous.

Le corps de l'intendance militaire ne saurait débuter plus heureusement dans la grande entreprise au succès de laquelle il est appelé à concourir.

De sages prévisions, réalisées avec une inconcevable promptitude, promptitude dont le général en chef daigne attribuer une large part à l'intendance militaire de l'armée, donnent les élémens d'un service auquel il faudra, sur la côte d'Afrique, imprimer une régularité que les premiers embarras d'un débarquement rendront plus difficiles. A cet égard, chaque sous-intendant et adjoint recevra une inspection spéciale destinée à faire connaître la surveillance que chacun aura à exercer au moment du débarquement.

Le développement important de tant de moyens, l'application réfléchie d'innovations heureuses deviendront une école instructive pour l'administration, et offriront une masse de faits pleins d'intérêts pour l'histoire de la campagne.

Il est essentiel que chacun de nous consacre, par des notes, les événemens de toute nature auxquels il aura pris part, et qui offriront plus ou moins d'intérêt, plus ou moins de résultats. En un mot, l'histoire de l'administration de l'armée française en Afrique, à laquelle le nom de chacun de nous est attaché, doit trouver des élémens certains dans le travail le plus simple. A cet effet, chaque sous-intendant militaire et adjoint à l'intendance devra tenir constamment à jour le registre-journal dont le modèle est ci-joint. Son objet est clair, et sa disposition dispense, ainsi qu'on le verra plus tard, de la tenue de divers registres spéciaux.

SOLDE, HABILLEMENT, ADMINISTRATION, INTÉRIEUR DES CORPS.

Le mouvement des corps qui composent l'armée d'Afrique ayant précédé ou suivi de très-près la promulgation de l'ordonnance du 21 février dernier, et de l'instruction du 28 du même mois qui y fait suite, il est à craindre que les dispositions qu'elles renferment n'aient point été exécutées complétement. MM. les sous-intendans devront donc, après s'être bien pénétrés de l'esprit de l'ordonnance et de l'instruction, s'assurer de la situation des écritures des corps placés sous leur police, et faire opérer sans retard et méthodiquement les mesures transitoires développées dans la deuxième partie de l'instruction précitée.

Ils devront également veiller à ce que chaque sous-officier et soldat soit pourvu de tous les effets d'habillement, grand et petit équipement, dont le nombre et l'espèce ont été déterminés par les instructions ministérielles transmises directement aux conseils d'administration, et faire opérer le remplacement de ceux qui auraient atteint le terme de la durée légale, ou de ceux qui, par toute autre cause, nécessiteraient des remplacemens imprévus.

Ils s'assureront que l'approvisionnement destiné à suivre les bataillons de guerre, et dont la proportion a été déterminée par la circulaire du 19 mars dernier, est réuni en colis d'une dimension convenable pour l'embarquement.

Enfin, se reportant aux dispositions de l'ordonnance du 16 novembre 1825, dont l'objet est de régler la tenue des écritures au moment de la formation des conseils éventuels, MM. les sous-intendans devront reconnaître si toutes ces dispositions ont été remplies, et, au besoin, ordonner les mesures qu'ils jugeront convenables pour régulariser l'ensemble du service.

Ils s'assureront de même que des délégations suffisantes ont été faites par les conseils principaux aux conseils éventuels pour subvenir aux dépenses de la musique, frais de bureau des officiers comptables, entretien des bâts et cantines, etc., conformément aux dispositions de la circulaire du 24 janvier 1827.

Ils observeront avec soin le degré d'instruction de MM. les officiers comptables, et les dirigeront, au besoin, de façon à ce que les sous-officiers comptables n'éprouvent aucune incertitude dans la tenue des écritures qui leur est confiée, sans perdre de vue que MM. les capitaines commandans sont eux-mêmes intéressés à la tenue des écritures dans leurs compagnies. Dans la vue de simplifier les états de mutation et d'en rendre en conséquence l'établissement plus facile, le général en chef a approuvé que ces états seraient réunis tous les deux jours.

Cette disposition a pour objet, d'une part, de rendre les revues sur le terrain moins fréquentes, et de l'autre de faciliter singulièrement l'établissement et la vérification des feuilles de journée que MM. les sous-intendans auront soin d'adresser, dans les délais réglémentaires, à ceux de leurs collègues chargés, dans l'intérieur du royaume, de la police du dépôt. Enfin, MM les sous-intendans devront tenir un registre des délégations et des retenues ordonnées par le ministre, et faire parvenir mensuellement dans l'intérieur, à qui de droit, les certificats constatant les retenues opérées.

MM. les sous-intendans adresseront dans le plus bref délai, à l'intendant en chef de l'armée, un rapport spécial sur la situation des corps ou portions de corps placés sous leur police.

ÉTAT CIVIL.

L'instruction du 8 mars 1823, sur l'exécution des dispositions du Code civil, développe avec précision les devoirs de l'intendance. Un exemplaire de cette instruction est ci-joint, son objet est d'une importance majeure : MM. les sous-intendans devront s'assurer que le registre de l'état civil, qui doit être tenu dans chaque corps, a été coté et paraphé par l'officier qui le commande. (Art. 91, Code civil.)

La plus légère irrégularité dans la rédaction des actes de l'état civil ayant des conséquences toujours fâcheuses dans l'intérêt des familles, MM. les sous-intendans ne doivent pas se borner à reconnaître l'existence des registres prescrits, mais ils doivent surtout se les faire représenter, les compulser et les comparer soit avec les livrets individuels pour les sous-officiers et soldats, soit avec les livrets de compagnie, dont l'identité avec les registres-matricules des corps ne saurait être mise en doute, sans que MM. les majors et trésoriers ne fussent coupables de très-grande négligence.

La tenue des registres de l'état civil, quant aux officiers sans troupes, et au personnel de l'administration, ne réclame pas moins de soins et de précision ; en conséquence, dans le dessein d'apporter le plus d'ordre possible dans cette partie du service, MM. les sous-intendans militaires et adjoints, en tant que le service dont ils sont chargés le comporte, seront autorisés à ouvrir un registre particulier conformément aux dispositions de l'instruction précitée. (Dispositions générales.)

SAVOIR :

Pour le quartier-général ;

Pour les divisions actives,

Pour les parcs d'artillerie et du génie ;

Et, selon les circonstances, pour les fractions détachées.

SUBSISTANCES.

Le service des subsistances réclame la surveillance la plus assidue ; les dispositions de prévoyance ou d'exécution qu'il comporte sont tellement subordonnées aux circonstances, que l'on croit devoir se borner, quant à présent, à rappeler quelques-uns des principes dont l'application est commune à toutes les positions :

Avoir soin de faire mettre à l'ordre, la veille ou le jour même, l'indication du lieu et de l'heure où les distributions de chaque espèce de denrées seront faites, en ayant soin de mentionner les substitutions de denrées, s'il y a lieu, et la proportion modifiée de la composition des rations;

N'admettre au visa que les bons établis sur le modèle que le ministre a fait imprimer, et dont une distribution gratuite a été faite aux corps et parties prenantes isolées;

Adresser tous les dix jours à l'intendant en chef de l'armée, et plus fréquemment, selon les circonstances, l'état de situation sommaire des magasins des vivres et fourrages, afin de le mettre à même de connaître les ressources ou de pourvoir aux besoins;

Veiller à ce que le parc des bestiaux suive en ordre les mouvemens des divisions, et s'assurer que le comptable exerce une surveillance active sur tous les ouvriers de son service;

Faire opérer, dans les cinq premiers jours qui suivront le mois expiré, les totalisations des prestations en nature qui auront été faites, soit aux corps, soit aux parties prenantes isolées.

Enfin, se faire rendre compte, chaque jour, de l'état sanitaire du parc, et avoir soin de faire abattre et enfouir les animaux atteints de maladies dangereuses.

CAMPEMENT.

Avant l'embarquement, les sous-officiers te soldats recevront à Toulon :

1°. Une gamelle pour huit hommes;

2°. Une marmite pour huit hommes;

3°. Un grand bidon pour huit hommes;

4°. Un petit bidon en fer-blanc, de la capacité d'un litre par homme;

5°. Un tonnelet par homme, de la capacité d'un litre. (Par dérogation à la lettre ministérielle du 1830, l'imputation de la valeur du tonnelet sera seulement faite au compte de chaque sous-officier et soldat);

6°. Un sac de campement.

L'ordre du jour, qui fera connaître le nombre et la nature des effets de campement qui seront distribués avant l'embarquement, indiquera également ceux qui devront être donnés à la côte d'Afrique, soit aux corps, soit aux officiers d'état-major et autres.

Pour apporter dans ces distributions autant d'ordre et de méthode que le comportent les circonstances, MM. les sous-intendans auront soin de ne les faire opérer que sur des états d'effectif, par corps, visés par eux, et sur des bons spéciaux pour les parties prenantes isolées.

Toutefois, les corps et parties prenantes isolées devant être responsables des pertes et dégradations qui proviendraient de leur fait, il sera nécessaire de constater l'état des effets de campement qui seront distribués, afin que, le cas échéant, les imputations puissent avoir lieu à l'époque où la remise en sera faite, observant néanmoins qu'en raison de la position dans laquelle l'armée va se trouver, il sera juste de faire la part des circonstances.

HÔPITAUX.

C'est ici particulièrement que l'intendance militaire est appelée à rendre des services essentiels, non-seulement en exerçant une surveillance assidue sur le service des hôpitaux stationnaires, mais surtout en donnant une direction bien entendue au service des hôpitaux sur les champs de bataille.

A cet égard, MM. les sous-intendans militaires devront avoir soin de prendre directement les ordres de MM. les généraux-commandans, ou d'exécuter ceux qui leur seraient transmis, en leur nom, par MM. les chefs d'état-major, pour la désignation des points sur lesquels les ambulances légères devront être établies pendant le combat.

Ils ne devront pas perdre de vue combien leur présence sur ces différens points doit concourir à la précision du service et à accélérer l'enlèvement des blessés, en réglant eux-mêmes les moyens de transport que comporteront les circonstances et les localités.

Il ne sera pas moins essentiel de veiller à ce que les caissons d'ambulances divisionnaires et les cantines des corps soient toujours tenus au complet, ce qui sera facile à obtenir en adressant, au fur et à mesure des besoins, des demandes motivées à l'intendant en chef;

De tenir la main à ce que le personnel du service de santé demeure constamment à son poste, soit dans les cantonnemens, soit en marche;

D'adresser chaque jour à l'intendant en chef les états de mouvement des ambulances, en mettant à l'appui de ces états et nominativement un relevé des pertes éprouvées, avec les indications portées au registre de l'état civil;

Enfin, MM. les sous-intendans militaires et adjoints trouveront dans l'instruction ci-jointe sur le service des hôpitaux en campagne, faisant suite au règlement du 20 décembre 1824, tous les documens propres à servir de règle à leur conduite.

SERVICE DES ÉQUIPAGES MILITAIRES.

Le service des équipages militaires sera centralisé jusqu'à nouvel ordre, puisqu'en effet, dans le début des opérations de l'armée, les magasins centraux devront pourvoir aux besoins du quartier-général des divisions actives et des parcs d'artillerie et du génie.

L'organisation que ce service a reçue, donne lieu d'espérer que rien n'entravera sa bonne exécution.

FONDS ET COMPTABITITÉ.

Des crédits seront sous-délégués aux sous-intendans pour l'acquittement des dépenses hors de France. Les comptes d'emploi devront toujours présenter la classification des dépenses par sections, chapitres et articles du budjet, conformément à la nomenclature arrêtée pour l'exercice 1830, le 19 septembre 1829.

Les demandes de fonds devront être faites par mois; elles devront être appuyées d'un état par arme, présentant, pour les hommes et les chevaux, l'effectif des officiers, sous-officiers et soldats, en y comprenant les services administratifs et en général tous les individus participant aux distributions de subsistances et de chauffage.

MM. les sous-intendans ou adjoints prendront, de concert avec les préposés de M. le payeur général, les mesures les plus efficaces pour l'inscription, sur les livrets et feuilles de route, des paiemens qui seront faits aux corps, détachemens, officiers et militaires isolés, comptables et employés.

Pour tout ce qui a rapport à l'ordonnancement et aux justifications à faire, MM. les sous-intendans militaires et adjoints devront se conformer exactement aux dispositions du règlement du 30 novembre 1824. L'intendant en chef adresse à chacun d'eux un exemplaire de l'instruction approuvée par le ministre des finances sur le service de la trésorerie et des postes aux armées.

MM. les sous-intendans militaires et adjoints ne perdront point de vue que, conformément aux instructions de son excellence le ministre de la guerre, en date du 3 avril 1830, il leur est prescrit d'intervenir dans tous les actes qui ont pour objet de constater l'origine des recettes extraordinaires provenant des contributions de guerre.

De prises ou de saisies;

De retenues;

De reliquats de compte des comptables de la guerre;

De ventes de chevaux ou d'effets militaires, etc., etc.

Enfin ils veilleront à ce que tous les produits, de quelque nature qu'ils puissent être, soient exactement versés dans les caisses des payeurs de l'armée.

ADMINISTRATION GÉNÉRALE.

Les sous-intendans militaires remettront à MM. les officiers généraux commandant les troupes, auprès desquelles ils sont employés, tous les renseignemens et communications des états qui pourraient leur devenir nécessaires pour connaître avec exactitude la situation des divers services sous le rapport du personnel et du matériel.

Ils adresseront chaque jour, au chef d'état-major de leurs divisions respectives, un rapport sommaire sur les services administratifs, et exécuteront tous les ordres qui leur seront transmis, soit directement par MM. les généraux commandans, soit en leur nom par MM. les chefs d'état-major, pour la mise en mouvement, direction ou emploi du personnel et du matériel à leur disposition.

En un mot, dans les circonstances extraordinaires où MM. les généraux commandans jugeront utiles au succès de leurs opérations de prendre l'initiative des dispositions sortant des règles tracées à l'administration, MM. les sous-intendans militaires et adjoints non-seulement se conformeront à leurs ordres écrits, mais encore les provoqueront au besoin, pour plus de régularité dans la forme et dans l'exécution; mais ils seront tenus de rendre immédiatement compte à l'intendant en chef des ordres qu'ils auront reçus, et de leur exécution.

REGISTRE-JOURNAL.

Le registre-journal, dont il a été parlé plus haut, est destiné à recevoir l'inscription journalière de tous les faits et actes de l'administration. Il servira simultanément à l'inscription de l'effectif et à l'enregistrement des sommes ordonnancées.

MM. les sous-intendans adresseront à l'intendant en chef de l'armée une copie justifiée du registre-journal, les 1er. 11 et 21 de chaque mois.

L'intendant en chef de l'armée d'expédition d'Afrique,

Signé Baron Denniée.

RAPPORT.

Au général en chef.

Le payeur général de l'armée a dans ses caisses 3,200,0000 francs en or ou argent; cette somme considérable ne sera pas nécessaire en totalité dans les deux premiers mois, d'autant plus qu'une partie des dépenses, soit de la solde, soit des fournitures, peut être acquittée en traites sur le trésor, dont M. le payeur général est pourvu. Il serait donc inutile d'exposer ces 3,200,000 francs aux chances de mer et de guerre, et l'intendant en chef a l'honneur de proposer à S. Exc. le général en chef d'autoriser M. le payeur général à laisser dans les caisses du trésor, à Toulon, un million ou douze cent mille francs, et à n'emporter avec l'armée que deux millions en numéraire.

L'intendant en chef,

Signé Baron Denniée.

Approuvé par M. le comte de Bourmont.

ORDRE

Pour le service dans les bâtimens-écuries.

L'officier ou le sous-officier le plus élevé en grade ou à grade égal le plus ancien aura la surveillance dans chaque bâtiment-écurie de tout ce qui aura rapport à la nourriture et aux soins à donner aux chevaux et mulets embarqués.

Dès que l'embarquement sera fait, cet officier ou sous-officier établira un contrôle signalétique des chevaux ou mulets, indiquant le corps ou l'officier auxquels ils appartiennent; il établira aussi un état nominatif des hommes de troupe et des domestiques préposés à la garde et au pansage des chevaux et mulets, et s'assurera de leur présence à bord au moment du départ.

L'officier ou le sous-officier reconnaîtra les quantités de fourrage chargées à bord, et s'assurera qu'elles sont dans la proportion d'un mois d'approvisionnement, à raison de :

4 kilogrammes de foin pressé; 4 kilogrammes d'avoine; 2 kilogrammes d'orge moulue.

Il fera faire tous les matins la distribution du fourrage pour la journée, dans la proportion indiquée ci-dessus.

Il veillera à ce que le pansage soit fait aussi bien et aussi exactement que possible, et à ce que la plus grande propreté soit maintenue à bord.

En cas de mort d'un cheval ou mulet, l'officier

ou sous-officier en dressera de suite un procès-verbal, présentant toutes les indications portées sur son contrôle signalétique : celle du corps ou du propriétaire du cheval, du nom du soldat ou domestique chargé du cheval ou mulet, et de la cause de la mort. Ce procès-verbal sera signé par le soldat ou domestique, lequel fera sa croix devant témoins s'il ne sait signer.

Au moment du débarquement, l'officier ou sous-officier s'assurera que la totalité de l'approvisionnement des fourrages qui n'aura pas été consommée soit débarquée et livrée au magasin de l'armée ; ou s'il n'était pas possible que cette totalité fût débarquée, il fournira un état constatant les quantités restantes à bord du bâtiment. Cet état sera signé par le commandant du navire.

Après le débarquement, l'officier ou sous-officier adressera au chef de l'état-major général et à l'intendant en chef de l'armée son rapport sur tout ce qui aura été relatif à l'exécution du présent ordre pendant la traversée.

RAPPORT.

Au général en chef.

D'après l'opinion de la marine, le débarquement du matériel de l'administration ne pourra, quel que soit le temps le plus favorable que l'on puisse espérer à la côte d'Afrique, être fait sur un point concentré. La célérité qu'il sera nécessaire d'apporter à cette opération forcera les chaloupes à se diriger sur la partie de la côte la plus à portée de chaque bâtiment, et sur laquelle d'ailleurs le vent les dirigera le plus promptement possible.

Ce matériel, qui est très-considérable, puisqu'il comprendra plus de 80,000 colis, se trouvera donc réparti, sans ordre, sur une étendue de côte d'une demi-lieue et peut-être plus, et il faudra que l'administration s'occupe de suite à faire transporter et réunir chaque nature de denrées ou de matériel sur le point qui sera affecté à chaque service.

Il est à présumer d'ailleurs que cette opération se fera de nuit comme de jour, et il est indispensable de prendre à l'avance toutes les précautions possibles pour éviter la confusion ou le désordre.

J'ai pensé qu'un des moyens à employer pour obvier à cet inconvénient serait d'élever, sur les points de la côte où devra être réuni chaque nature d'objets, des fanaux de nuit et de jour, composés d'un guidon ou petit drapeau et d'une lanterne au-dessous, le tout placé au bout d'un mât de quinze à vingt pieds, planté en terre et assujetti par des cordes et des piquets.

Les guidons ainsi que les verres des lanternes seraient de couleurs différentes, dont la combinaison indiquerait la nature des objets réunis sur chaque point;

SAVOIR :

Blanc pour les farines.

Aurore pour les biscuits.

Aurore et blanc pour les fours.

Rouge pour la viande.

Rouge et blanc pour les légumes, le sel et les liquides.

Vert pour les fourrages.

Vert et blanc pour les avoines.

Amaranthe pour le campement.

Bleu de ciel pour les hopitaux.

Bleu et blanc pour les ambulances.

Des porte-voix devraient être placés près de chaque fanal pour se faire entendre, soit des chaloupes dirigées vers la terre, soit d'un point de la côte à l'autre.

Quelques lanternes portatives ou falots de ronde serviraient à s'éclairer pour aller d'un point sur un autre.

Les fanaux et les falots exigeront un approvisionnement d'huile à brûler et des mèches.

J'ai en conséquence demandé à M. l'intendant militaire de la 8e. division de faire confectionner, pour être remis à l'administration du campement de l'armée :

1°. 20 porte-voix ;

2°. 20 fanaux avec les bois, lanternes et guidons;

3°. 40 falots de rondes garnis de lampes;

4°. 1,200 k. d'huile à brûler en 20 barils de 60 k. chaque;

5°. 30 k. de coton à mèches.

J'ai l'honneur de prier son excellence, le général en chef de donner son approbation à cette disposition.

Marseille, le 5 mai 1830.

L'intendant en chef,

Signé : BARON DENNIÉE.

Approuvé par M. le comte DE BOURMONT.

RAPPORT

Au général en chef.

Le retard qu'a éprouvé le départ de l'escadre, et celui qu'il pourrait avoir encore à supporter, semblent devoir commander des mesures de précautions ; en conséquence, on a l'honneur de proposer à Son Excellence d'approuver que tous les fourrages consommés depuis le moment de l'embarquement soient remplacés, dans le jour, au moyen des approvisionnemens existans aux îles d'Hières.

On propose également à Son Excellence de décider que la distribution de l'orge à bord des bâtimens-écuries sera réduite à un kilogramme par jour.

Enfin, on propose à Son Excellence d'approuver que 150 et quelques quintaux métriques de foin, pressé à Toulon, soient placés sur l'un des bâtimens venus des îles d'Hières, et que la totalité de ces bâtimens soit envoyée à Marseille pour y recevoir un chargement en foin et avoine.

On a l'honneur de faire remarquer à Son Exc. que des ordres, expédiés par le télégraphe, feraient remplacer sur-le-champ, à Hières, les quantités de fourrages qui seront distribuées sur les bâtimens-écuries.

On propose également de faire charger à Toulon 674 quintaux métriques de bois restant.

L'intendant en chef,
Signé Baron DENNIÉE.

Approuvé par M. le comte DE BOURMONT.

RAPPORT

Au général en chef.

En exécution des dispositions approuvées par Votre Excellence, le personnel et le matériel nécessaires à la formation d'un hôpital militaire de 1,500 malades ont été dirigés de Marseille sur Mahon, sur trois bâtimens de commerce : *le Léonidas, le Metternich et l'Immaculata Saint-Michel*. M. le sous-intendant militaire baron de Limoges m'informe de l'arrivée de ces bâtimens, et me fait connaître par un rapport détaillé les concessions qu'il est parvenu à obtenir de la junte de Mahon. (Lettres des 16, 23 et 29 mai.) L'ensemble des ressourses que l'on peut obtenir sur ce point pour le service hospitalier, permettrait de recevoir jusqu'à la concurrence de 2,300 militaires malades ou blessés ; mais les réparations urgentes et indispensables que nécessitent les locaux s'élèveraient, d'après les devis estimatifs que M. de Limoges a fait établir de concert avec le chef du génie militaire espagnol, à une somme de 18,290 fr.

Cette dépense, toute considérable qu'elle puisse paraître, est cependant indispensable, en considérant que les hôpitaux établis à Mahon doivent non-seulement recevoir les militaires de l'armée de terre, mais encore, d'après la demande qui en a été faite à Votre Excellence par M. l'amiral commandant en chef l'armée navale, les marins qui font partie de l'escadre, c'est-à-dire que le service des hôpitaux à Mahondoit être établi dans les rapports d'un effectif d'armée de 64,000 hommes. Indépendamment de la ressource de Mahon, Votre Excellence sait que l'escadre transporte un matériel et un personnel suffisant pour l'établissement de 5 hôpitaux de 300 lits chacun, en

somme. 1,500
qui, réunis aux. . . . . 2,300 de Mahon,
donnent un total de. 3,800

Les établissemens de Mahon se distinguent en trois classes : 1°. un hôpital de 150 malades au lazaret, où les militaires seront admis au moment de leur arrivée, et où, selon les apparences, ils devront faire une quarantaine de vingt jours. Si la clause de vingt jours est de rigueur, il sera indispensable de donner plus d'extension à l'hôpital du lazaret, car, dans cette hypothèse, les évacuations se trouveraient ralenties dans une proportion inadmissible avec les besoins présumés du service. Je viens d'appeler sur ce point l'attention de M. le sous-intendant militaire baron de Limoges ;

2°. Un établissement de. . dans l'île (petite île à l'entrée du port.)	750 lits	
La dépense est évaluée à.		7,000 fr.
3°. Dans le quartier dit Villa-Carlos, formé de quatre corps-de-logis . . .	1,400	
La dépense est évaluée.		11,290
Ensemble. .	2,300 lits	18,290 fr.

Les locaux destinés à former les hôpitaux étant entièrement dépourvus de toute espèce de mobilier, M. le sous-intendant militaire a dû pourvoir aux besoins indispensables, tels que tables, baignoires, chaises, baquets, batterie de cuisine, objets en fer noir, en tant que les quantités expédiées de Toulon ne fussent point en nombre suffisant; enfin, il deviendra indispensable, au moment où les évacuations faites de la côte donneront une grande extension au service, d'avoir à la disposition de l'administration quelques embarcations armées pour le service du lazaret, pour celui de l'île et pour les communications de ces deux points avec Mahon. A cet égard, M. le commissaire des guerres espagnol a offert celles de son gouvernement aux conditions où il traite lui-même.

Ces diverses dépenses se trouvant dans la catégorie de celles désignées par l'art. 22 du chapitre 2 de l'instruction pour le service de la trésorerie aux armées (date du 1er. mars 1830), l'intendant en chef a l'honneur de proposer à Son Excellence d'approuver que ces dépenses soient imputables sur les crédits de la section 9, chapitre 2, article *dépenses imprévues*.

Baie de Palma (Provence), le 5 juin 1820.

L'Intendant en chef,

Signé, Baron Denniée

Approuvé par M. le comte de Bourmont.

RAPPORT

Au général en chef.

Au moment où des distributions régulières de vin vont être faites à l'armée, il importe de déterminer si les officiers seront admis à y participer. D'après les règlemens, les officiers n'ont pas droit aux fournitures de liquides. Toutefois, ils y ont eu part en vertu de décisions particulières des généraux en chef, tant en Espagne qu'en Morée. Ce précédent semble établir un principe dont on ne saurait se refuser à faire l'application en Afrique, où les officiers seraient dans l'impuissance absolue de se procurer du vin de leurs propres moyens, et où l'usage de ce liquide est un objet de nécessité pour l'entretien de la santé.

L'intendant en chef a, en conséquence, l'honneur de proposer à Son Exc. le général en chef de décider que MM. les officiers de tout grade et les agens d'administration employés à l'armée d'Afrique auront droit aux distributions de liquides qui seraient faites aux troupes, et que chacun recevra un nombre de rations égal à celui des rations de vivres qui lui est attribué par le tarif de l'armée.

Sidy-el-Ferruch, le 15 juin 1830.

L'intendant en chef,

Signé Baron DENNIÉE.

Approuvé par M. le comte DE BOURMONT.

RAPPORT

Au général en chef.

Son Excellence a accordé, par son ordre du jour en date du 16 juin, 35 centimes par journée de travail de huit heures, aux hommes employés à la tranchée.

L'administration de l'armée emploie chaque jour une corvée de 300 hommes de l'armée de terre, et un grand nombre de marins, pour le transport des denrées de la plage à l'entrepôt général, et pour des travaux relatifs à la construction des fours.

Ce travail est excessivement pénible : les hommes sont obligés de transporter à de grandes distances des fardeaux énormes, ils doivent souvent, pour aller les chercher, se mettre à l'eau, ce qui détériore leurs effets de linge et chaussure, et ces circonstances leur donnent, à plus forte raison, des droits à une indemnité.

Toutefois, et pour ne pas créer une dépense trop considérable, l'intendant en chef a l'honneur de proposer à Son Exc. le général en chef de décider que les corvées employées par l'administration recevront seulement une indemnité de 25 centimes par chaque journée de travail de huit heures.

Cette indemnité sera acquittée sur le fonds des dépenses diverses et imprévues, et sur des états nominatifs par corps, vus, arrêtés et ordonnancés par M. le sous-intendant militaire Ferraud de Saligny, qui reconnaîtra l'effectif des corvées au moment de l'arrivée et au départ.

Pour éviter la multiplicité des paiemens, l'intendant en chef propose de décider qu'ils auront lieu tous les quinze jours, en même temps que le paiement de la solde à terme échu.

Cette dépense sera justifiée par des états nominatifs, quittancés par les conseils d'administration des corps énonçant le nombre et le prix des journées ; à l'un des états serait annexée la copie de la décision de Son Excellence.

Si Son Excellence approuve ces dispositions, l'intendant en chef la prie d'en faire l'objet d'un ordre du jour.

Sidy-el-Ferruch, le 17 juin 1830.

L'intendant en chef de l'armée,

Signé Baron DENNIÉE.

Approuvé par M. le comte DE BOURMONT.

Vaisseau *la Provence*, baie de Sidy-el-Ferruch, le 24 juin 1830.

MON CHER INTENDANT,

Des ordres sont donnés à Palma pour diriger isolément sur la baie de Sidy-el-Ferruch tous les navires chargés d'approvisionnemens pour l'armée. Je les renouvelle aujourd'hui par la goëlette *la Daphné*.

J'expédie *l'Iris* pour Gibraltar avec les lettres de l'agent du fournisseur général. Elle touchera à Tanger. J'invite le consul à accueillir l'agent qui doit être expédié sur ce point, et à seconder ses opérations. J'attends les dépêches du général en chef pour expédier un bâtiment pour Tunis.

Lorsque la situation de vos approvisionnemens vous permettra de faire faire une délivrance de viande fraîche aux équipages de l'armée navale, je vous en ferai la demande.

Agréez, etc.

Le vice-amiral, commandant en chef l'armée navale,

Signé DUPERRÉ.

RAPPORT

Au général en chef.

Pour l'exécution de la seconde commande, la maison Seillière a opéré à Tunis et à Gibraltar des achats de bœufs qui vont être transportés à bord de plusieurs bâtimens-écuries, que M. l'amiral Duperré met à notre disposition à cet effet. Il y a donc lieu d'espérer que ces bœufs seront bientôt rendus au quartier-général ; alors nos ressources en bestiaux seront fort importantes, et il nous sera possible de venir au secours de la marine, qui, d'après le désir qu'en a témoigné M. l'amiral Duperré, aurait besoin de recevoir de temps en temps quelques distributions de viande fraîche.

L'intendant en chef croit donc devoir proposer à Son Excellence de vouloir bien autoriser à l'avance ces distributions, toutes les fois que la situation de nos ressources le permettra.

Sidy-el-Ferruch, le 24 juin 1830.

L'intendant en chef,

Signé Baron Denniée.

Approuvé par M. le comte de Bourmont.

RAPPORT

Au général en chef.

M. l'amiral Duperré annonce qu'il va faire mettre à terre aujourd'hui, pour rester à la disposition de M. le général commandant le camp de Sidy-el-Ferruch, un bataillon composé de huit compagnies d'équipages de ligne. Mais il demande qu'il leur soit fourni, des magasins de l'armée de terre, les rations de vivres composées suivant les règlemens en vigueur dans le service de la marine, et aux officiers le nombre de rations de mer, suivant leur grade, autant toutefois que pourra le permettre la situation de nos magasins.

La ration de bord est composée de diverses denrées, dont plusieurs n'entrent point dans la formation de nos approvisionnemens, et entre autres de sucre, café, fromage, beurre, etc. Nous ne pourrons donc fournir aux marins que des rations analogues à celles que reçoivent les militaires de l'armée de terre, mais d'une quotité conforme aux règlemens de marine. M. l'amiral Duperré le sait, et il est disposé à entrer à cet égard dans notre position.

L'intendant en chef a en conséquence l'honneur de proposer à Son Excellence de décider que les marins, qui seront débarqués pour être employés au service de l'armée de terre, recevront des magasins de l'armée des rations de vivres composées comme ci-après :

Pain.		750	grammes.
Ou biscuit.		550	
Vin.		69	centilit.
Viande fraîche.		250	grammes.
Ou viande salée.	Bœuf. . . .	250	
	Lard. . . .	200	
Légumes secs.		60	
Ou riz.		30	
Sel.		1	de kilo.

Les officiers recevraient un nombre de rations, de même composition, égal à celui qui est attribué à leurs grades, d'après les assimilations avec les grades de l'armée de terre.

Il serait également distribué des effets de campement aux uns et aux autres, dans les proportions de nos tarifs.

Enfin les marins, employés comme travailleurs, auraient droit à la gratification de 25 centimes accordée aux militaires dans la même position, ainsi qu'à une ration supplémentaire de vin ou d'eau-de-vie.

Sidy-el-Ferruch, le 27 juin 1830.

L'intendant en chef,

Signé Baron DENNIÉE.

Approuvé par M. le comte DE BOURMONT.

Au ministre secrétaire d'état de la guerre.

MONSEIGNEUR,

Un des premiers actes du général en chef, en prenant possession d'Alger, a été d'instituer une commission du gouvernement, chargée, sous son autorité immédiate, de pourvoir provisoirement aux exigences des divers services publics, et de lui proposer un système d'organisation générale pour la ville et le territoire d'Alger. Cette commission, dont le général en chef a bien voulu me confier la présidence, se compose :

Du maréchal-de-camp de Tholozé, commandant la place d'Alger;

De M. Deval, consul de France;

De M. Daubignosc, lieutenant-général de police;

De M. Firino, payeur général;

Et d'un secrétaire général (M. Edmond de Bussière) attaché depuis long-temps au département des affaires étrangères, et qui, par son zèle et la nature de ses connaissances, paraît propre à justifier pleinement le choix du général en chef. Votre Excellence remarquera toute la sagesse qui a présidé à la formation de cette commission, où tous les genres de services se trouvent ainsi représentés par des hommes dont les lumières et la capacité assurent à l'avance le succès de la tâche qui leur est imposée.

Bien que la création de cette commission soit

d'une date récente encore, il nous est déjà permis d'entrevoir tout ce qu'elle peut produire d'heureux dans ses résultats.

Propre à éclairer et à faciliter sous tous les rapports la marche de l'administration militaire, elle contribuera en outre, d'une manière essentielle, à améliorer la position de l'armée, en mettant à notre disposition les ressources du territoire et le concours de ses habitans. Déjà, en peu de séances, d'intéressans détails nous ont donné une connaissance plus vraie et plus exacte du pays que toutes les relations ou mémoires sur lesquels on aurait vainement tenté d'édifier quelque chose de bon et de durable. C'est aux indigènes, libres désormais de toute espèce de terreur et d'appréhensions, que nous demandons les faits qu'il nous importe de connaître : tous, depuis l'uléma jusqu'au marchand de la dernière classe, viennent, en nous exposant leurs besoins, nous apporter le tribut de leur expérience et de leurs utiles révélations ; et là du moins l'enseignement est complet, et porte avec lui tous les caractères de la vérité. Il y a, parmi ces Maures, des hommes essentiellement intelligens, capables de saisir avec promptitude nos formes administratives, et qui, déjà revêtus de fonctions où leur amour-propre trouve une distinction flatteuse, vont devenir pour nous des agens actifs et d'utiles intermédiaires. C'est par eux que ces immenses tribus d'Arabes seront en peu de temps nos alliés et nos pourvoyeurs. Nous avons, à cet égard surtout, le droit de concevoir les espérances les plus heureuses : peut-être les ressources du pays suffiront-elles non-seulement pour faire face aux besoins de l'armée, mais encore pour couvrir, par des compensations bien entendues, les frais de solde et une partie des dépenses extraordinaires. Je me félicite vivement de pouvoir faire pressentir à Votre Excellence de semblables résultats.

J'ai l'honneur de vous adresser ci-joint les arrêtés relatifs à la création de la commission, ainsi que les procès-verbaux de nos premières séances ; et j'aurai soin de tenir Votre Excellence au courant de nos travaux.

Il a été également créé plusieurs commissions secondaires chargées de directions spéciales. Grâce à leur activité, la prise de possession s'opère avec ordre et sans la moindre interruption dans les services publics. Tout, en un mot, va bientôt marcher avec régularité dans ce pays conquis depuis moins d'une semaine ; et peut-être le verrons-nous s'organiser avec autant de célérité qu'on en a mis à le soumettre, c'est dire, monseigneur, que ce serait le plus beau succès auquel nous puissions aspirer.

Je suis, etc.,

Alger, 11 juillet 1830.

L'intendant en chef de l'armée d'Afrique,
président de la commission,

Signé Baron Denniée.

RAPPORT

A la commission de gouvernement sur une organisation provisoire de l'administration de la justice.

L'administration ne s'improvise pas comme la victoire. L'une, pour s'établir, n'a besoin que de force; mais l'autre, pour s'organiser, doit demander au temps et à l'étude les conditions de son existence et de son affermissement.

Dans un pays nouvellement conquis dont on ignore les intérêts et les besoins, et dont la population, mélange discordant d'élémens hétérogènes, offre tous les systèmes d'une lutte sourde, mais violente, c'est donc un parti sage, le seul même qu'il soit possible d'adopter, que de maintenir ce qui existe, jusqu'à ce que l'expérience ait révélé les moyens de le modifier ou de le remplacer avec avantage.

Cependant, à côté de cette nécessité générale, le pouvoir a aussi ses besoins à consulter, ses devoirs à remplir. Ses intérêts doivent même être mis en première ligne puisque lui seul peut protéger et garantir tous les autres; si donc, au milieu de cet ordre de choses, qu'il s'est fait une loi de maintenir, il vient à rencontrer une force quelconque dont l'action étrangère ou hostile à la sienne puisse échapper à sa surveillance, et compromettre ainsi la sûreté de tous en même temps que sa propre dignité, c'est un devoir pour lui de la soumettre, quelle qu'elle puisse être, et de la réduire au point de n'agir désormais que par lui et pour lui.

Ces vérités s'appliquent surtout à l'administration de la justice. Le principe de la justice est indépendant de la manière dont elle s'administre.

Il y aurait, de la part du pourvoir, une grave imprudence à toucher aux lois du pays, avant de s'être assuré que le système qu'il se propose d'y substituer sera également en harmonie avec les besoins, les usages, les mœurs et les croyances de ceux qu'il doit régir; mais, tout en conservant des coutumes et des formes qui n'intéressent pas directement sa dignité, le pouvoir se doit à lui-même de revendiquer le principe de la justice, et d'en prendre hautement la direction souveraine et absolue.

La justice est une force par elle-même; en même temps elle a besoin du concours de la force qui commande pour devenir irrésistible; car si elle n'a pas les moyens de se faire obéir également par tous, elle n'est plus la justice. De là une double nécessité : nécessité pour la justice de ne pas rester en dehors du pouvoir, car elle perdrait de sa force, et nécessité pour le pouvoir de ne pas laisser la justice s'isoler de lui, car il perdrait de sa dignité. L'autorité ne doit donc pas souffrir que la justice puisse exercer son action dans une sphère indépendante de la sienne : elle le souffrira moins que jamais là où elle ne sera qu'une autorité naissante et pressée du besoin de s'affermir.

Ainsi, deux choses paraissent incontestables : c'est, d'une part, que le pouvoir doit, dans l'intérêt général comme dans le sien propre, prendre en main l'administration suprême de la justice ; mais aussi qu'il ne doit point toucher aux formes ni s'occuper des détails, avant que le temps l'ait mis à portée de connaître les intérêts qui se meuvent autour de lui, et d'apprécier les modifications qu'ils peuvent comporter ou qu'ils doivent interdire.

Ces principes admis, il ne s'agit plus que de poser les limites qui doivent contenir le développement de chacun d'eux dans leurs rapports, dans les questions que nous avons à résoudre.

Si l'on reconnaît que, depuis la soumission de la ville d'Alger, il s'est écoulé trop peu de temps encore pour qu'il ait été possible d'étudier les intérêts, les usages et les besoins du pays, et de rechercher les premières bases d'une législation nouvelle, il paraît raisonnable de maintenir provisoirement les tribunaux du pays ; car il est hors de doute que des tribunaux français appliqueraient fort mal des lois et des coutumes étrangères ; et, d'un autre côté, l'application subite de nos propres lois à des mœurs pour qui elles n'ont point été faites, et à des hommes qui ne les comprendraient point, présenterait, s'il est possible, quelque chose de plus monstrueux encore. Ce maintien provisoire des lois du pays et la confirmation des juges choisis parmi les castes indigènes, n'auraient rien d'ailleurs qui pût blesser la dignité de l'autorité française, si son intervention, hautement proclamée en même temps que sagement circonscrite, s'exerçait de manière à dominer tout à la fois les juges et leurs arrêts.

Cette intervention, quelle sera-t-elle, et comment devra-t-elle s'exercer? Nous arrivons à la deuxième question.

Le droit de juger, une fois conservé aux tribunaux du pays, l'autorité française n'a plus à se réserver d'autre part que la confirmation et l'exécution de leurs jugemens.

L'une et l'autre lui sont-elles nécessaires?

La confirmation séparée de l'exécution serait déjà une garantie ; mais comme l'exécution suppose l'existence d'une force quelconque, la question se réduit à savoir s'il est convenable, s'il est possible de laisser subsister à côté de nous une force indépendante de la nôtre. La réponse ne saurait être douteuse.

L'exécution, sans la confirmation, présenterait plus d'inconvéniens encore : mieux vaudrait même renoncer à toute espèce d'intervention, que d'en accepter une qui, par sa nature, bornerait le rôle de l'autorité française à celui d'instrument passif d'un pouvoir étranger.

Le droit de confirmer les jugemens après révision, et celui de les faire exécuter, doivent donc être réunis entre les mains de l'autorité française, et c'est leur exercice collectif qui seul me semble susceptible de lui assurer la suprématie que réclame sa dignité.

Voilà sur quelles bases j'aurai l'honneur de proposer à la commission de fonder un système provisoire pour l'administration de la justice.

Il est nécessaire maintenant de faire connaître à la commission l'ancien état des choses pour la mettre mieux à portée d'apprécier les modifications qu'il peut être convenable d'y introduire.

Sous l'ancien gouvernement, trois tribunaux différens, le cadi turc, le cadi maure et le tribunal israélite, rendaient la justice aux individus de leurs castes respectives. Le tribunal des Juifs était seul composé de plusieurs juges. Il arrivait souvent que, dans les causes commerciales, les parties prissent, d'un commun accord, des négocians pour juges; mais c'était là un simple arbitrage tout-à-fait indépendant de l'action des tribunaux établis, et semblable à celui que nos lois ont admis.

C'était toujours devant le cadi turc qu'étaient portées les causes mixtes où un Turc figurait comme partie.

Les autres causes mixtes entre Juifs et Maures étaient aussi jugées souverainement par le cadi turc, si les parties ne parvenaient pas à s'entendre sur un arbitrage.

Les Arabes comparaissent devant le cadi maure.

Après cet exposé, la première question qui se présente est celle de savoir s'il convient de conserver ces trois juridictions de castes différentes.

Le but déclaré de l'expédition contre Alger étant l'expulsion totale et définitive des Turcs, il serait inconséquent de maintenir un tribunal pour une caste dont les individus, s'il en reste autour de nous, y séjournent par tolérance.

La suppression du cadi turc est donc la première mesure qu'il semble convenable d'adopter.

Les Turcs qui continueront d'habiter Alger seront tenus de se soumettre à la même juridiction que les Maures et les Arabes, leurs coréligionnaires; si cette obligation leur devient trop pénible, nous aurons acquis par-là un moyen de plus de délivrer le pays de leur présence.

La conservation des tribunaux maures et juifs me paraît nécessaire; mais, pour ramener ces deux juridictions à un système d'uniformité, il me semble qu'il serait convenable de substituer au cadi maure, un tribunal composé de trois juges, ainsi que celui des Juifs, et où ce cadi serait conservé comme président. La commission pensera sans doute que, pour donner à ces tribunaux une formation identique, il est plus rationnel d'augmenter le nombre des juges là où il y en a moins, que de le réduire là où il y en a davantage.

Ces tribunaux jugeront du reste comme par le passé, et d'après les lois et coutumes du pays.

C'est ici que commence l'intervention de l'autorité française; il s'agit de déterminer comment elle devra s'exercer.

La commission a déjà formé plusieurs comités spéciaux chargés de la direction de divers services publics; conformément à ces antécédens, j'aurai l'honneur de lui proposer la formation d'un *comité de justice*, composé d'un président et de deux commissaires, et chargé de l'examen des jugemens rendus par les tribunaux du pays. Aucun jugement ne serait exécutable qu'après avoir obtenu l'*exequatur* du gouverneur militaire, et cet *exequatur* serait donné sur l'avis du comité dont l'existence assurerait ainsi à l'autorité française une action suprême sur toute l'administration de la justice.

Les fonctions des membres de ce comité seraient susceptibles de varier selon la nature des causes.

Dans toutes les causes *simples* (c'est-à-dire où les parties appartiendraient à une même caste) ils se borneraient à examiner le jugement, sur le *prononcé* qui leur en serait adressé.

Dans les causes *mixtes*, un des commissaires serait en outre appelé à présider un tribunal où siégeraient avec lui deux juges du pays, appartenant aux mêmes castes que les deux parties.

Enfin, le comité tout entier se formerait lui-même en tribunal, sous la présidence de son chef, pour prononcer sur les causes mixtes où il se trouverait un Français au nombre des parties.

Les jugemens approuvés par le comité, et revêtus de l'*exequatur* du gouverneur militaire, viendraient, pour être enregistrés, au comité de justice, qui les adresserait ensuite au lieutenant général de police, chargé de les faire mettre à exécution.

Telles sont les bases principales du projet

d'organisation que j'ai l'honneur de soumettre à la commission. Il me semble que l'autorité française peut y trouver tout ce que réclament sa dignité et son action souveraine, en échappant au double inconvénient d'avoir à s'occuper d'une législation barbare, ou d'en improviser une nouvelle pour des peuples dont on ignore encore les besoins et les intérêts.

Le secrétaire général de la commission,

Signé, EDMOND DE BUSSIÈRE.

Projet d'organisation provisoire pour l'administration de la justice.

1°. Il sera formé un comité chargé de l'administration de la justice, au nom de l'autorité française de qui elle émane.

2°. Ce comité sera composé d'un président et de deux commissaires : ses principales fonctions consisteront dans l'examen des jugemens rendus par les tribunaux du pays.

3°. Le nombre des tribunaux de la ville d'Alger demeure fixé à deux, le tribunal maure et le tribunal israélite.

4°. Chacun de ces tribnaux sera composé de trois membres choisis parmi les notables des différentes castes.

5°. Tous les habitans appartenant à l'une des castes indigènes seront justiciables de l'un de ces tribunaux, selon la caste à laquelle ils appartiendront.

6°. Les Arabes et les Turcs seront justiciables du tribunal maure.

7° Pour les causes mixtes, c'est-à-dire où les parties appartiendront à des juridictions différentes, le tribunal sera composé de deux juges du pays de mêmes castes que les parties et présidé par l'un des commissaires, membres du comité de justice.

8°. Pour les causes mixtes où il se trouvera un Français au nombre des parties, le comité de justice se formera lui-même en tribunal sous la présidence de son chef.

9°. Tout jugement rendu par les tribunaux du pays devra être adressé sans délai au comité de justice, qui en prendra une connaissance sommaire : l'avis du comité sera joint au texte du jugement, et le tout renvoyé au gouverneur militaire qui donnera, s'il y a lieu, son *exequatur*.

10°. Deux interprètes seront attachés au comité de justice.

11°. Ils assisteront MM. les commissaires dans l'examen des jugemens adressés au comité par les tribunaux du pays.

12°. Ils les assisteront également au tribunal dans les jugemens de causes mixtes.

13°. Les jugemens rendus par le comité de justice siégeant comme tribunal, ou par les tribunaux mixtes sous la présidence d'un commissaire français, seront adressés directement au gouverneur militaire, sans qu'il soit nécessaire de les soumettre à l'examen du comité.

14°. Les jugemens revêtus de l'*exequatur* du gouverneur militaire retourneront au comité de justice qui les enregistrera, et les adressera sans délai au lieutenant général de police, chargé de les faire mettre à exécution.

RAPPORT

Au général en chef.

Nous occupons Alger depuis six jours, et notre position est devenue beaucoup plus difficile que pendant la campagne active ; la raison s'en explique d'elle-même ; mais si elle est simple, elle n'en est pas moins alarmante, et les dangers dont l'armée est menacée sont imminens.

Je me rendrais coupable d'une négligence grave, qui tôt ou tard pourrait faire rejaillir sur moi une responsabilité réelle, si je différais de mettre sous les yeux de Votre Excellence un précis exact de la situation des services administratifs de l'armée.

L'entrée dans Alger nous a révélé la pénurie de cette ville sous le rapport des choses nécessaires aux besoins d'une armée ; nous avons cependant trouvé ici quelque quantité assez considérable de grains, dont il n'a pas encore été possible de constater l'importance, attendu que ces grains sont amoncelés dans des locaux inégaux et sans issue ; mais s'il existe des grains, il n'y a point de moulins propres à leur mouture, car on ne saurait y employer ces espèces de taonas, à la manière espagnole, qui procurent plutôt du gruau que de la farine, et qui, pourtant, sont les seuls dont on fasse usage dans ce pays. Au surplus, nous avons pu juger de la qualité du pain que l'on obtient par celui trouvé à Staoueli, et que les troupes ont même refusé de prendre à titre de gratification.

Point de moulins, point de manutention.

Il ne se trouve dans Alger qu'un seul local près du lieu nommé le Marché, où il existe quelques fours mal bâtis, sans proportion aucune, et de dimensions inégales, nullement disposés pour la facilité de la manutention, mais d'où cependant nous parvenons, à force de soins, à tirer de 14 à 15 mille rations par jour.

Aucun autre approvisionnement propre à la consommation des troupes n'existe dans Alger : j'en excepte le sel, dont le dey avait, comme de toutes choses, le monopole, qu'il tirait à vil prix d'Iviça, et qu'il revendait fort cher aux habitans ; car je ne parle pas de quelques sacs de riz de méchante qualité, qui ont été distribués, ni de quelques pots de miel et de quelques jarres d'huile destinés au service des hôpitaux.

Pour ce qui touche le service des vivres-viande, je suis convaincu qu'il sera facile de l'établir à très-bas prix en Afrique : déjà les renseignemens que j'ai recueillis auprès des membres du comité maure, particulièrement du sieur Hamed Bodarba, et auprès des juifs Durand et Bacry, me donnent l'assurance qu'aussitôt que la bonne intelligence sera consolidée entre nous et les tribus de la plaine et de la montagne, on pourra traiter facilement, bien entendu en maintenant le système de la concurrence.

Nonobstant ces espérances, je ne partage nullement l'opinion de faire cesser les achats des deux mois de viande fraîche, ordonnés à la maison Seillière pour la seconde commande, non-seulement parce que ces achats sont en cours d'exécution, mais encore parce que dans la situation où nous sommes, si nous n'avons pas un parc de bestiaux suffisant pour un mois, nous n'avons rien, puisque le moindre événement pourrait compromettre le service, et, en dernière analyse, parce que les bâtimens nolisés par la marine pour le transport des chevaux ont été remis à l'agent de la maison Seillière, et qu'ainsi les achats ayant lieu d'après les ordres qui ont été donnés, soit à Tunis, Tetuan, Tanger, le prix des bestiaux sera à peu près le même qu'ici, puisque le transport ne coûtera rien. Votre Excellence se rappellera d'ailleurs que la correspondance de M. de Lesseps a donné lieu de prescrire les achats à la côte d'Afrique, et que la maison Seillière s'y est conformée.

Quant aux marchandises de toute espèce que recèlent les magasins, c'est-à-dire les chambres de quelques quartiers de la Casauba, et plusieurs maisons de la ville appartenant à la régence, il est de toute impossibilité d'apprécier leurs quantités, je pourrais même dire leur espèce ; en effet, l'absence de tout ordre dans l'emmagasinement, les habitudes du pays qui rendaient tout naturel d'entasser dans le même local des laines, du beurre de chameau, de l'huile, de la cire, etc., etc., et par-dessus tout cela le besoin de la défense qui ont fait trouver bons tous les moyens, ont été des causes plus que suffisantes de confusion et d'un pêle-mêle dont on ne saurait avoir idée.

Pénètre-t-on dans le port, l'encombrement est encore plus embarrassant, car là, comme au château de l'Empereur et au magasin à poudre, on a jeté les balles de laine avec profusion en dehors des batteries et sur les navires, et dès la première nuit, sans qu'on pût le trouver mauvais, les soldats du génie qui occupent les batteries, de même que ceux du 37e. régiment, avaient ouvert les balles de laine pour établir leur coucher.

Toutefois les commissions créées, par décision du 3, et composées de sous-intendans militaires et d'officiers d'état-major, poursuivent leur travail et parviendront avec de la patience à constater la valeur et les quantités de toutes choses; mais quant à présent, d'après les rapports sommaires que je reçois, elles se bornent à mettre les scellés, et à donner une série de numéros à tous les magasins.

Il est patent aujourd'hui que la conquête d'Alger ne nous donne immédiatement rien de ce qui est nécessaire à la subsistance de l'armée, et qu'en conséquence elle doit vivre de ses propres ressources. Or, ces ressources sont à Sidy-el-Ferruch, à six mortelles lieues d'Alger, d'où il faut forcément que nous tirions farine, pain, biscuit, vin, foin, avoine, etc., pour une consommation de 35,000 rations de vivres et de 3,400 rations de fourrages, et Votre Excellence sait que du château de l'Empereur, ou pour être plus exact, à partir du chemin des Romains, la route est impraticable, et que, selon l'expression du général Lahitte, l'artillerie n'y passerait pas quatre fois ; cependant il faut que nos équipages militaires parcourent ce chemin tous les jours.

Votre Excellence sentira donc combien il deviendra urgent, dans une telle situation, de faire arriver nos navires à Alger et d'évacuer le plus tôt possible nos ambulances de Sidy-el-Ferruch, où nos soldats gissent sur un sol brûlant, où l'encombrement sous nos hangars couverts en toile devient chaque jour plus pernicieux, et où enfin le soldat, s'il y a reçu des soins jusqu'ici ignorés dans le service des ambulances aux armées, y est, en définitive, horriblement mal, si ces ambulances doivent être considérées comme des hôpitaux stationnaires.

Or, pour opérer la translation des approvisionnemens, la voie de la mer est la seule praticable : mais l'amiral, sans y consentir, ne m'a pas paru très-éloigné d'opérer cette translation ; il comprend nos embarras, mais il objecte qu'en ce moment on s'occupe à Sidy-el-Ferruch de l'embarquement du matériel de l'artillerie, et aussi de celui des block-hauss du génie, objet qui ne me paraît guère urgent, et il m'a répété que nous devrions faire nos transports par terre, que la marine était fatiguée au delà des bornes, et ne pouvait certainement suffire à tout ; et en effet cela est vrai.

Cependant y a-t-il moyen de transporter par

terre le campement de 30,000 hommes, les fermes en bois ou hangars pour nos hôpitaux, l'amoncellement d'un mois de foin et d'avoine, et généralement un mois d'approvisionnemens de toute espèce. Assurément non; et cette assertion n'a pas besoin de démonstration.

Toutefois j'ai la confiance que, si Votre Excellence veut bien écrire d'une manière pressante, M. l'amiral donnera des ordres sur-le-champ.

Lorsque toutes nos ressources seront réunies dans la baie d'Alger nous aurons fait un pas; mais nous serons encore loin d'avoir vaincu toutes les difficultés.

Le débarquement est une grande affaire : il faudra l'opérer, et concurremment déblayer les magasins du port et le port lui-même, et terminer les constructions de la manutention, construction qui s'opère, comme Votre Excellence le verra lorsqu'elle ira visiter le port, dans un des grands magasins casemates, ce qui la rend d'autant plus lente et d'autant plus difficile, que pour installer les cheminées il faut faire le percement de voûtes de 10 et 12 pieds.

Pour opérer le débarquement, nous ne pourrons plus prétendre ici, comme à Sidy-el-Ferruch, à la participation si active et si intelligente des marins, parce que, d'une part, un bataillon de marins tient encore garnison au camp de Sidy-el-Ferruch, et que de l'autre un grand nombre de vaisseaux est en course. Il faudra donc que le débarquement soit fait par nos propres moyens, c'est-à-dire les corvées des corps que je ne puis obtenir qu'en faible partie et à force d'instances, et les piskeris (hommes de peine du pays), qui, bien que rétribués, ne s'obtiennent également qu'en fort petit nombre.

A cette difficulté, et elle est réelle, vient se joindre, pour accroître la réduction de nos moyens, la difficulté des communications, puisque pas un mulet chargé de ses deux cantines ne peut librement circuler dans l'unique rue de la ville, rue qui n'est qu'une ruelle tourmentée et encombrée par des échoppes saillantes. Ainsi nos caissons et nos mulets, dans l'état actuel de communication de la marine, c'est-à-dire du port, aux portes de Babaloued et Babazoun, resteront pour ainsi dire inertes. Cette sérieuse observation m'a conduit à faire part de mes réflexions à M. le commandant du génie, et, aussitôt que son avis me sera connu, j'aurai l'honneur d'en informer M. le chef de l'état-major général, afin qu'il prenne les ordres de votre excellence.

Tant que ce défaut de communication subsistera le service sera non-seulement pénible, mais encore incertain ; si l'on considère surtout que la consommation, c'est-à-dire les distributions qui ont lieu au fort Babazoun atteignent chaque jour 25,000 rations de vivres et 2,300 rations de fourrages, savoir :

2 brigades de la 1re. division ;

1 *idem* de la 2e.;

3 *idem* de la 3e. ;

L'artillerie,

Les équipages militaires, etc., etc.

Enfin, pour ne céler à Votre Excellence aucune des difficultés du service, elle ne doit pas oublier que les vivres doivent être versés de Sidy-el-Ferruch sur chacun des points placés sur notre ligne d'opération, savoir :

Camp de Staoueli et toutes les redoutes.

Cet exposé, dont la minutieuse rédaction pourrait paraître fastidieuse et peut-être inutile, puisqu'elle fait connaître une foule de détails d'exécution, m'a cependant paru nécessaire, je dirai plus, indispensable, pour appuyer des conclusions qui, sans ce préliminaire, auraient pu paraître un empiétement aux dispositions militaires, dont la proposition, comme je le reconnais le premier, est spécialement dans les attributions de M. le chef de l'état-major général.

Pour que le service d'Alger s'opère régulièrement et d'une manière satisfaisante, il est à désirer que l'on fasse sur-le-champ cesser les bivouacs, ils sont tuans sur cette côte brûlante et décharnée ; Votre Excellence jugera quel doit être le nombre des troupes qui doivent occuper les postes extérieurs, le nombre de jours qu'elles passeront dans ces positions, et s'il ne serait pas convenable qu'elles occupassent même les maisons autour du château de l'Empereur, et aussi celles sur le versant de la montagne, à la droite de la position de M. le duc d'Escars, vers la maison de Mustapha Pacha, où nous projetons de former un hôpital. Dans l'hypothèse où Votre Excellence adopterait cette mesure, il y aurait à juger si l'on doit faire occuper la Casauba par un ou deux régimens, ce qui ne serait pas impossible, nonobstant l'encombrement de quelques magasins et l'enlèvement des poudres du magasin qui se trouve dans le jardin de gauche, si on peut appeler cet espace muré un jardin.

Dans tous les cas, il deviendrait urgent de faire évacuer par les habitans la ligne de maisons qui forme la lisière de la ville, de la porte Neuve à la porte Babazoun, et celle qui forme la lisière de la ville sur l'autre face de la Casauba à la porte Babaloued, en assignant aux habitans dépossédés une partie des maisons qui appartiennent à la régence, et qui, d'après les rapports que j'ai reçus, forment près d'un quart de la ville.

Les maisons étant évacuées, et elles sont contiguës, je pense qu'il serait très-praticable d'ouvrir des communications des unes aux autres, et de dégager leur intérieur de quelques murs de refend, car elles sont toutes faites sur le même modèle : une cour intérieure carrée, un ou deux étages, une galerie circulaire de huit à dix pieds, et une seule chambre sur chaque face.

D'après ces dispositions intérieures, il serait sans doute très-convenable d'adopter le hamac pour l'officier et le soldat; ce genre de coucher, dont nous avons tous apprécié la commodité, offrirait ici le double avantage d'être plus frais que les matelas, et, en se roulant dans le jour, de donner une libre circulation dans les chambres.

En insistant sur la nécessité de retirer la troupe du bivouac, j'ai non-seulement en vue d'améliorer la situation du soldat, mais encore de rendre le service des hôpitaux possible.

Jusqu'à présent les seuls locaux qui puissent convenir sont ceux de Castratine et de Babazoun; mais ils ne contiendraient au plus que 400 à 450 lits, encore faudrait-il que les réparations que le génie s'est empressé d'y faire fussent terminées; plus tard nous opérerons quelques constructions en bois dans les jardins de Mustapha Pacha, mais il faut que les fermes qui sont à Sidy-el-Ferruch soient transportées ici: jusque-là, et si les choses ne changent pas, nous sommes exposés à voir se renouveler les désordres affligeans qui ont eu lieu, lorsque la première division a évacué sur la ville, sans avis préalable, quatre cents et quelques militaires de tous les corps et sans billet ni feuille d'évacuation. Dans cette circonstance j'ai dû me transporter sur-le-champ à bord de M. l'amiral, qui immédiatement a désigné le bâtiment qui transporterait les militaires malades à Mahon.

Les ordres étaient donnés, et ces misérables malades transportés sur le port sans qu'on ait pu humainement les interroger individuellement pour former une feuille d'évacuation; la mer grossit, ainsi que cela arrive si fréquemment sur cette plage difficile, et l'on fut forcé de remettre au lendemain l'embarquement.

Il est urgent que Votre Excellence daigne

prendre une résolution; aucune difficulté ne ralentira mon zèle ni celui de mes collaborateurs; mais il y a des obstacles que je ne saurais surmonter seul.

Alger, le 11 juillet 1830.

L'intendant en chef de l'armée d'Afrique,

Signé Baron Denniée.

Décision. La maison Seillière arrêtera ses achats de bestiaux, parce qu'on en trouve ici plus qu'il n'en faut.

On verra plus tard pour les autres mesures; ce n'est pas le moment. — Le 12 juillet 1830.

RAPPORT

A M. le maréchal commandant en chef.

Le corps d'expédition envoyé à Bonne, sous le commandement de M. le général Damremont, est parti avec un approvisionnement de vivres pour un mois, calculé sur une consommation journalière de 3,000 rations ; si ce corps devait faire un séjour de quelque durée dans le pays, il serait instant de songer au renouvellement de son approvisionnement. M. le vice-amiral Duperré a déclaré que dans un mois il ne serait plus temps, parce qu'alors il n'aurait plus de bâtimens à mettre à notre disposition pour ce ravitaillement, et qu'il fallait en conséquence prendre des mesures pour qu'il fût effectué des ports de France.

Les bâtimens nolisés par la maison Seillière pour le transport des denrées de la seconde commande, qui sont en ce moment dans la rade d'Alger, pourraient être utilement employés à l'approvisionnement de Bonne ; si l'intention de Son Excellence était que le renouvellement de cet approvisionnement dût avoir lieu, les denrées dont il devrait se composer pour un mois consisteraient en

500 quint. métr.	de farine,
27	de riz,
54	de haricots,
15	de sel,
et 450 hectol.	de vin.

L'intendant en chef a l'honneur de prier Son Excellence de vouloir bien lui donner ses ordres sur l'opportunité de cet envoi, afin qu'il puisse en prescrire l'exécution.

Alger, le 29 juillet 1830.

L'intendant en chef,

Signé Baron DENNIÉE.

Il est urgent de faire partir des vivres pour un mois pour la garnison de Bonne, et de préparer un second envoi de deux mois, de façon à ce qu'il puisse arriver à Bonne dans le courant d'août.

Signé Comte DE BOURMONT.

RAPPORT

A M. le maréchal commandant en chef.

Le nombre des malades augmente journellement dans l'armée : il est à craindre que cet accroissement progressif n'ait d'autre terme que celui de la durée de la saison des chaleurs. Déjà plus de 4,000 malades ou blessés ont été évacués sur les hôpitaux de Mahon et de France ; mais les moyens de transport fournis par la marine pour ces évacuations diminuent journellement, et M. l'amiral a déclaré que le moment n'était pas éloigné où il ne pourrait plus en fournir du tout. Il est donc indispensable de créer ici des hôpitaux proportionnés à l'importance des besoins. Mais les locaux propres à ce genre d'établissement manquent essentiellement à Alger, et l'on est obligé d'y suppléer par des baraques construites entièrement en planches. L'essai qui a été fait de ce genre de baraquement, devant l'hôpital de Mustapha Pacha, a réussi complétement. Les baraques recouvertes en planches donnent plus de fraîcheur que celles qui sont recouvertes avec des bâches ; l'air y circule plus aisément, elles ont plus de solidité, et sont par conséquent plus susceptibles de résister à la saison des pluies.

D'après ces considérations, il est utile de faire exécuter des constructions de baraques pour les hôpitaux sur un grand développement, et de leur donner successivement toute l'extension que pourront exiger les besoins du service. Malheureusement il n'existe plus de planches dans le pays. Il y a donc nécessité d'en faire venir de France avec la plus grande diligence.

A cet effet, l'intendant en chef a l'honneur de proposer à Son Excellence M. le maréchal de vouloir bien autoriser l'achat, par commission, et le prompt transport à Alger, de *vingt mille planches* de douze à quinze pieds de longueur sur un pied de largeur, et douze à quinze lignes d'épaisseur, et de *deux mille poutrelles* de trois pouces carrés sur douze à quinze pieds de longueur.

Alger, le 29 juillet 1830.

L'intendant en chef de l'armée d'Afrique,

Signé Baron Dennié.

Approuvé par M. le comte de Bourmont.

RAPPORT

A M. le maréchal commandant en chef.

Parmi les bâtimens algériens qui existaient dans le port d'Alger, cinq ayant été reconnus impropres au service de la marine ont été jetés à la côte par les ordres de M. l'amiral Duperré. Tous ces bâtimens consistent en *une frégate*, *une corvette*, *un brick* et *deux cure-molles*. L'intendant en chef a été informé que ces cinq bâtimens n'étaient propres qu'à être démolis et réduits en bois de chauffage, en ajoutant que les matières autres que le bois pourraient être abandonnées aux entrepreneurs qui voudraient se charger de la démolition pour les couvrir de leurs frais.

L'intendant en chef pense que l'on pourrait faire mettre en adjudication publique la vente du brick, comme étant en meilleur état que les quatre autres bâtimens, et la démolition de ces derniers aux conditions ci-dessus indiquées.

Il a l'honneur de soumettre cette proposition à l'approbation de Son Excellence.

Alger, le 1er. août 1830.

L'intendant en chef,

Signé Baron Denniée.

Approuvé. *Signé* Comte de Bourmont.

RAPPORT

Au général en chef.

Par décision du 10 de ce mois, Son Excellence le général en chef a approuvé la proposition qui lui avait été faite par l'intendant en chef, de fixer au 19 du même mois la vente d'une partie des denrées et marchandises trouvées dans les magasins de la régence à Alger.

En faisant opérer cette vente à une époque si rapprochée, on avait eu en vue de déblayer une partie des magasins, afin d'obtenir de la place pour le classement de plusieurs denrées, dont les quantités ne peuvent être inventoriées ni même appréciées dans l'état de confusion et d'encombrement où elles se trouvent. On espérait, d'ailleurs, que les spéculateurs étrangers, arrivés à la suite de l'armée, suffiraient pour faire obtenir un débouché avantageux de ces magasins; mais il paraît, d'après les renseignemens recueillis, que l'adjudication annoncée n'exciterait qu'une faible concurrence. L'intérêt du trésor exige donc qu'elle soit remise à une époque plus éloignée, et qui permette de faire parvenir des avis en France et à l'étranger, afin d'appeler le plus grand nombre possible de concurrens aux ventes dont il s'agit.

L'intendant en chef a en conséquence l'honneur de proposer à Son Excellence le général en chef de décider que l'adjudication des denrées et marchandises provenant de la régence aura lieu le 20 août prochain.

L'ajournement proposé aurait le double objet d'appeler une plus grande concurrence à ces adjudications, et de donner le temps de reconnaître, mieux qu'on ne l'a fait, et même d'inventorier, autant qu'il sera possible, malgré les grandes difficultés que présente cette opération, les nombreux magasins dont il s'agit.

Alger, le 17 juillet 1830.

L'intendant en chef,
Signé Baron DENNIÉE.

Approuvé par M. le comte de BOURMONT.

NB. Les bâtimens qui apportaient la deuxième commande étant arrivés, l'intendant en chef a proposé de les utiliser pour transporter en France toutes ces marchandises. (*Voir* le rapport ci-après.)

RAPPORT.

Monsieur le maréchal,

Il est du devoir du chef de l'administration de l'armée d'appeler l'attention de V. Exc. sur les difficultés du service, alors que, quels qu'aient été ses soins et les efforts de ses subordonnés, le danger va toujours croissant, et que, sans des mesures énergiques qui appartiennent seules à l'autorité supérieure, l'existence de l'armée pourrait être compromise.

Depuis l'entrée dans Alger, l'administration a lutté contre des obstacles de toute nature que je m'abstiendrai d'énumérer, mais que V. Exc. a pu apprécier en parcourant les hôpitaux et les manutentions que nous avons créés. La difficulté qui domine est celle du débarquement.

Ce n'est plus ici une plage étendue et sablonneuse comme celle de Sidy-el-Ferruch, où tant d'accidens nous ont cependant atteints; la côte est hérissée de rochers, et à peine trouve-t-on une petite anse à côté du fort Babazoun où l'on puisse hasarder le débarquement d'une chaloupe.

Le port est extrêmement resserré, et en ce moment encombré :

1°. Par les bâtimens algériens, grands et petits, bons ou mauvais;

2°. Par quatre bateaux à vapeur,

3°. Par les bateaux-bœufs qui opèrent la translation des approvisionnemens de Sidy-el-Ferruch à Alger.

Quarante-huit bâtimens portant la seconde commande, c'est-à-dire l'existence de l'armée pendant deux mois, sont en rade depuis dix jours, et c'est miracle qu'un vent du nord, au dire des marins, n'ait point encore apporté le désordre dans cette flottille. Si un tel malheur survenait, que deviendrait l'armée?

A Sidy-el-Ferruch, la marine nous avait donné des chalans, des marins; en un mot, elle avait opéré le débarquement. Ici elle ne peut plus nous donner les mêmes secours. C'est aux soins, c'est au dévouement de l'agent de M. Seillière, M. Schneider, que nous sommes redevables des débarquemens qui s'opèrent à Babazoun, et pourtant les conditions de sa maison sont de remettre au port tous ses achats.

Encore un peu, et la situation de l'armée peut devenir alarmante. Le premier de tous les besoins est de vivre.

Tout est dans nos mains; mais en un instant tout peut nous échapper, et le pays, s'il produit la denrée brute, nous offrirait la disette à côté de l'abondance.

Tous les efforts doivent donc se tourner vers les moyens de hâter le débarquement de nos approvisionnemens.

Il faut pour cela déblayer le port, ce qui ne peut se faire sans le concours de la marine.

Il faut que les navires chargés de vivres puissent y pénétrer et y demeurer.

Toutefois, je crois que l'on peut scinder la flottille qui est en rade, et n'admettre dans le port que vingt-quatre bâtimens chargés de vivres, en renvoyant les autres à Palma, avec ordre d'être de retour le 15 du mois d'août.

On continuera à débarquer à Babazoun ce qu'on pourra, aussi long-temps que la mer le permettra.

Ce premier point obtenu, et il est vital, restera une seconde difficulté :

Celle de la main-d'œuvre dans un pays d'indolence, où le nombre des piskeris (ou portefaix) était fort limité, et où brusquement le besoin d'un nombre dix fois plus fort que par le passé se fait sentir.

On arrivera cependant à combiner les moyens d'exécution, en réclamant des corvées qui, depuis plusieurs jours, manquent à l'administration.

Cette difficulté sera vaincue, je le crois, mais elle n'est pas la dernière : une très-facile à aplanir se présente, mais par l'autorité seule de Votre Excellence.

Vous avez vu, monsieur le maréchal, la marine, le port et les portes de la ville.

Il n'existe aucune communication, un mulet chargé ne peut passer librement dans la plus belle rue, puisqu'en effet cette plus belle rue est une ruelle encombrée par des échoppes non interrompues.

J'ai proposé, d'accord avec M. le commandant du génie, d'ouvrir une communication facile du port aux portes de Babazoun et de Bab-al-Oued, en élargissant la rue parallèle au port. Cette proposition et les motifs sur lesquels elle est fondée ont paru sages à M. le chef d'état-major; mais il a d'abord pensé que l'exécution pouvait en être retardée; c'est aujourd'hui, dans la position où se trouve l'armée, à la sagesse de Votre Excellence de prononcer; toutefois je dois me hâter d'ajouter que l'on distribue chaque jour 25,000 rations de toute espèce à Babazoun, y compris ce qu'on envoie aux brigades détachées; que l'on distribue de 4 à 5,000 rations à Bab-al-Oued; que le reste se délivre à la marine, et qu'il faut indispensablement des communications possibles du moment où tout sera concentré, ainsi que cela est nécessaire à la marine, où sont nos manutentions.

Conclusion.

Ce tableau est fidèle, mais il peut changer d'aspect en un moment; que Votre Excellence ordonne, et sur-le-champ nous avons dans la rade les approvisionnemens d'un mois pour 40,000 hommes. (M. l'amiral se prêtera d'autant plus aisément au déblaiement du port, qu'il prétend bien que la subsistance de l'armée passe avant l'armement de quelques bâtimens algériens.) Bien entendu que pour le service des vivres-viande nous reprendrons nos rapports avec les Arabes, et que nous pourrons obtenir des bestiaux par la voie d'achat, car Votre Excellence ne doit pas perdre de vue que le 12 juillet, nonobstant mes observations, elle a prescrit d'ordonner à l'agent de la maison Seillière de suspendre ses achats à l'extérieur aussitôt que possible.

Que Votre Excellence prescrive que les corvées arrivent avec régularité pour un travail de cinq heures seulement, en les rétribuant à raison de 50 centimes par homme comme elle l'a ordonné.

Que les communications soient ouvertes, et alors nos équipages pourront circuler facilement.

Alors aussi l'évacuation du bel hôpital de mille lits, établi dans les jardins, dit écuries de Mustapha Pacha, s'opérera sans difficulté.

De cette régularité et de cette facilité dans le débarquement, un immense avantage résulterait encore. Il existe dans Alger des quantités considérables de laine, de cire, de plomb, qui encombrent des magasins et des maisons dont il serait si utile de profiter pour le casernement de la troupe. Toutes ces marchandises ont une valeur considérable, mais si elles étaient transportées en France, elles seraient vendues à un taux beaucoup plus élevé; or, il se présenterait un moyen prompt et économique de les y transporter.

La maison Seillière a nolisé pour trois mois les bâtimens qui appartiennent à la seconde commande; ces bâtimens sont à la disposition de l'administration, rien ne s'opposerait à ce que le chargement de tous ces objets s'opérât méthodiquement, et non-seulement le trésor y trouverait un immense avantage en les faisant vendre en France, mais leur enlèvement rapide donnerait les moyens d'installer la troupe plus commodément. Toutefois, dans le dessein de ne pas se rendre coupable de déception envers les négocians qui se présenteront à Alger sur la bonne foi des adjudications, on procédera à des adjudications partielles dont les quotités seront spécifiées, et de cette manière on opérera simultanément le déblaiement de tous les magasins par les moyens les plus actifs. Cette modification aux dispositions qui avaient d'abord paru préférables, c'est-à-dire l'adjudication publique, cette modification, dis-je, est fondée sur une foule d'embarras qui naissent chaque jour; ainsi le commerce désirerait que les adjudications eussent lieu par lot, arguant du danger d'entrer dans une obligation d'achats au-dessus des moyens des soumissionnaires, puisque l'encombrement est tel, qu'il est de toute impossibilité de reconnaître et d'apprécier les quantités. Cette distinction par lot est encore fondée sur la variété des qualités des laines emmagasinées depuis quatre ans, qui diffèrent entre elles de vingt, trente ou quarante pour cent. Enfin cette modification devient impérieuse, puisqu'il y a impossibilité d'éclairer le commerce sur des points dont la connaissance est indispensable pour procéder à une adjudication régulière.

Toutes choses ainsi réglées, Votre Excellence,

présente ou absente, aura pourvu, comme elle l'a fait par ses sages prévisions avant la campagne, aux intérêts du trésor et à l'existence de l'armée d'occupation.

Alger, le 28 juillet 1830.

L'intendant en chef,
Signé Baron DENNIÉE.

Approuvé.
Signé Comte DE BOURMONT.

N. B. Ce rapport a été adressé au ministre le 30 juillet.

Alger, 27 juillet 1830.

MONSIEUR L'INTENDANT EN CHEF,

Les plaintes portées par les commandans des divisions et les chefs de corps au sujet des nombreuses corvées qu'on impose à leurs soldats, l'opinion émise par les principaux officiers de santé sur les effets nuisibles de ces travaux extraordinaires sur la santé des troupes, empêchent, *pour le moment*, d'adopter la mesure que vous proposez d'employer chaque jour 300 hommes de corvée pour les mouvemens et transports dans les magasins de la place.

Quant à votre projet, que vous avez communiqué à M. le lieutenant-colonel Dupau, commandant le génie, les idées en ont paru très-sages; mais il est impossible de s'occuper à présent de les mettre à exécution.

Agréez, etc.

Alger, 27 juillet 1830.

Le colonel faisant fonctions de sous-chef de l'état-major-général,

Signé Baron DE JUCHEREAU DE SAINT-DENIS.

RAPPORT

A M. le maréchal commandant en chef.

Votre Excellence ayant adopté en principe, que les laines, cires, plombs, étains et cuivres qui se trouvent dans les magasins de la régence seraient envoyés en France pour être mis à la disposition de l'administration publique, et que l'on utiliserait pour cet envoi les navires qui apportent la seconde commande et qui ont été nolisés pour le compte du département de la guerre.

J'ai l'honneur de lui soumettre les moyens d'exécution qui me paraissent les plus prompts et aussi les plus économiques.

Les fatigues que l'armée a supportées, celles que font peser sur elle le service et les corvées rétribuées, sous un ciel brûlant, ont forcé l'administration à renoncer à la pensée de recourir à ce mode pour le transport des magasins au port des denrées à embarquer; cependant, dans cette ville sans communication, ce n'est qu'à dos d'hommes que les translations de marchandises peuvent s'opérer.

Le petit nombre d'hommes de peine, ou *piskiris* (population d'une tribu que l'on peut comparer aux Auvergnats) qui existaient à Alger, a encore diminué depuis l'entrée de l'armée, et cependant les besoins se sont accrus dans une proportion inverse.

Il faudra cependant renoncer à eux.

Il faudra aviser à l'embarquement régulier des marchandises, il faudra mettre ces laines éparses dans des magasins, dans des balles du poids habituel du commerce; il faudra enfin donner à tous ces travaux une suite et un esprit d'ordre qui est par-dessus tout dans les habitudes du commerce.

Après avoir cherché tous les moyens d'aplanir ces difficultés et d'arriver à une bonne fin, il m'a semblé que les propositions faites par M. Schneider, agent de la maison Seillière, étaient de tous points admissibles.

1°. Les laines seront mises en balles du poids commun du commerce, elles seront marquées et numérotées;

2°. Il sera fourni des magasins de la régence toutes les quantités de toiles de qualité convenable, qui seront jugées nécessaires pour l'ensachement total; en cas d'insuffisance il y sera pourvu par des barillons ou filets en jonc, en usage dans ces contrées; enfin, les laines pourront, après avoir été pesées, être mises en garennes dans les bâtimens, en prenant pour la sûreté d'arrivée toutes les précautions qui sont indiquées plus bas;

3°. Le sieur Schneider comptera de clerc à maître pour toutes les dépenses de main d'œuvre sur pièces justificatives, tant sous le rapport de l'effectif des hommes employés, que sous celui des prix alloués d'après un tarif que l'on provoquera de la commission municipale.

4°. Conformément aux habitudes du commerce, M. Schneider réclame, pour ses peines et soins, un droit de commission fixé ainsi qu'il suit :

			valeur en France dégagée des droits.
Laines. . . . . . . »	fr. 50 c.	par 100 kil.	75 à 80
Plombs. . . . . . »	25	*id.*	40 à 45
Cuivres. . . . . . »	75	*id.*	175 à 200
Cire. . . . . »	75	*id.*	225 à 250
Peaux et cuirs. »	75	*id.*	175 à 180
Blés. . . . . »	25	*id.*	30 à 36

Si Votre Excellence donne son adhésion à ce mode de procéder, la commission chargée de la reconnaissance des magasins, composée d'un sous-intendant militaire, M. Behaghel, d'un officier d'état-major, M. Minangoy, et d'un agent de l'administration, M. Breidt, devra constater la sortie des magasins et l'embarquement au port, en désignant non-seulement les poids et quantités, mais encore le nom des navires chargés de diverses marchandises.

Enfin, dans le cas où l'impossibilité d'ensacher et d'embarillonner les laines serait bien reconnue, on opérerait le chargement des navires au poids, et l'on placerait ceux chargés de cette manière sous la surveillance d'un bâtiment de l'état, pour être convoyés sur Marseille.

Indépendamment de ces moyens de transport je viens d'obtenir de M. le baron Hugon, commandant la petite escadre des bateaux-bœufs qui ont été nolisés par la marine, que ces bâtimens, en rentrant à Marseille, emporteront toutes les marchandises dont nous pourrons les charger. C'est encore une source d'économie.

Cette opération déblaiera les emplacemens que réclame impérieusement le service des hôpitaux et celui du casernement; mais, pour ne pas encourir le reproche de déception envers le commerce, les adjudications annoncées pour le 20 du mois d'août pourront toujours avoir lieu pour une petite portion, en donnant ainsi une connaissance exacte de la quantité et de la qualité des denrées et marchandises mises en adjudication.

En effet, il est facile de justifier une opération à tous égards économique et favorable au commerce.

L'évaluation des marchandises de toute espèce qui se trouvent à Alger, appartenant à la Régence, porte à croire que les navires de la maison Seillière, nolisés pour le compte du département de la guerre, ne suffiraient pas pour le transport total desdites marchandises; dans cet état de choses, considérant que les négocians afflueront à Alger vers le 20 du mois d'août, on déterminera les quantités des diverses espèces de marchandises à remettre en adjudication : on formera des lots de 1,000, 2,000 ou 3,000 quintaux métriques, selon la proportion existante des diverses marchandises, et l'on sera guidé sur le prix moyen par les rapports que M. l'intendant de la 8e. division militaire, auquel on les a réclamés, aura adressés, de telle sorte que les soumissions ne pouvant être acceptées à un prix inférieur à celui connu, la garantie d'une adjudication satisfaisante sera infailliblement obtenue.

Cette manière mixte de procéder hâtera singulièrement le déblaiement complet.

Je prie Votre Excellence de me faire connaître ses intentions à cet égard.

Alger, 31 juillet 1830.

L'intendant en chef de l'armée,

Signé Baron DENNIÉE.

Approuvé.

Signé Comte DE BOURMONT.

asauba, le 30 juillet 1836.

Au ministre de la guerre.

Monseigneur,

L'armée française occupe Alger depuis assez de temps pour que je puisse fixer aujourd'hui V. Exc. sur les points importans qu'il convient d'éclairer.

Les documens que j'ai puisés auprès des Maures, comme président de la commission du gouvernement, les rapports que j'ai établis entre cette commission et les commissions mixtes que nous avons créées sous l'autorisation de M. le maréchal pour l'administration des douanes, des octrois et des domaines de l'état, ont complété mon instruction sur les ressources que peut offrir le pays, et sur la manière de les utiliser.

La soumission effective ou apparente des beys de Titery, de Bonne, d'Oran, ne fait rien à l'affaire. La soumission très-incertaine des Arabes de la montagne la compliquerait sans doute davantage, et pourtant, à bien dire, que nous allions en sécurité à dix lieues d'Alger, ou que nous ne puissions pas aller à une lieue des avant-postes comme à présent, cela ne fait rien à la question.

La question reste donc entière, et je l'aborde.

J'ai dit et je répète que la régence peut payer l'occupation, si l'occupation est réduite à 12 ou 15,000 hommes.

Le pays est productif en blé, en cire, en bestiaux et en laine; le commerce y étant exercé librement, le produit des douanes peut devenir important.

Les domaines étendus de la régence offriront les sources d'un revenu considérable, et enfin les redevances des Arabes de toute espèce, soit de la plaine de Mititja, soit des montagnes, rentreront, avec la démonstration des forces, à l'instar de ce que le dey était forcé de faire.

Je considère donc la France comme devant toujours être la mère nourricière de ses enfans en Afrique, mais aussi j'admets un système d'échange qui indemnisera largement; ainsi la France doit envoyer ici, par quelque moyen que l'administration jugera le plus convenable :

1°. De la farine blutée à 10 et à 22 pour 100. J'ai fait connaître dans un précédent rapport qu'il n'existait ici aucun moyen de mouture, ou du moins que ceux qui existaient, non-seulement étaient insuffisans, mais que le système des moulins était dans l'enfance de l'art, et qu'on n'obtenait qu'un grain concassé ou espèce de gruau, auquel l'habitant est accoutumé.

Plus tard, je ne doute guère que l'industrie ne crée ici des moulins à vapeur dont l'administration pourra profiter, mais j'hésiterais, quant à présent, à proposer à V. Exc. de la mettre à la tête de cette innovation.

2°. Du vin, tant pour la troupe que pour les hôpitaux, en calculant la consommation sur la ration d'un demi-litre.

3°. Du riz, et non pas des légumes secs, en calculant aussi la consommation du riz dans la proportion d'une double ration, proportion hygiénique indiquée par l'expérience.

4°. Des fourrages, avoine ou orge, paille ou foin. Le pays offrira peu de ressources.

Quant au service des vivres-viande, il est possible, il est, je dirai plus, facile de l'établir ici, à prix ferme la ration et dans des proportions extrêmement modiques ; je ne voudrais pas hasarder une opinion que bon nombre de circonstances pourraient rendre erronée, mais je suis d'avis que l'on traitera ici assez près de 12 centimes la ration, plutôt au-dessous qu'au-dessus. Du reste, si je crois devoir prendre ce parti, je ne le ferai qu'avec toutes les garanties que donnent la publicité et la concurrence. Je n'ai point parlé d [illegible] parce que les facilités qu'offre Ivitza sont toutes a l'avantage de l'armée. C'est d'Ivitza que le dey, qui avait le monopole du sel, tirait celui qu'on vendait aux habitans et aux hordes de la plaine et de la montagne.

Un règlement des douanes devra être sagement combiné, de manière à encourager le commerce et à ménager les intérêts de l'état. Je disais, il y a un instant, que la France devait nourrir l'armée en établissant un système d'échange ; en effet, il me paraîtrait tout simple que les produits bruts de la régence fussent envoyés dans nos ports, où ils acquièrent une grande valeur, je comprends donc que l'administration de la guerre fasse faire des achats par ses agens, et qu'elle les combine de façon à obtenir les meilleures conditions. Le midi est fertile en vin, rien de plus simple que d'approvisionner l'armée sur ce point, le midi n'est pas productif en blé, rien de plus simple que de procéder à Marseille à la mouture de tout ou partie des blés venus de la côte d'Afrique, jusqu'à l'époque qui, je le crois, ne sera pas éloignée où l'on pourra la faire opérer à Alger même.

Le riz viendra d'Italie sans difficulté; enfin les fourrages, qu'il faut tirer des côtes de France ou de celles d'Espagne.

En traitant aujourd'hui cette question, monseigneur, il faut que V. Exc. se pénètre d'une grande vérité : c'est qu'il y a urgence.

La côte d'Alger est éminemment dangereuse : c'est à grande peine aujourd'hui que nous nous hasardons à jeter quelques denrées dans le fort Babazoun. Au premier vent du nord ou de nord-est, tous les bâtimens sont en perdition, c'est ce qui m'a porté à faire au général en chef le rapport dont j'adresse ci-joint une copie à V. Exc. Elle y verra que la ville d'Alger, comme je l'ai dit dans mon rapport du 18, n'offre aucune possibilité de communication, que le port est fort resserré, et qu'il était encombré de telle sorte que toute la deuxième commande restait depuis dix jours en rade, exposée à tous les accidens possibles. La fortune nous a souri, et ce n'est pas la première ois de la campagne. Ainsi, deux mois de vivres pour 40,000 hommes vont entrer dans le port ; pourtant, il faut se hâter de le dire, à partir du mois de septembre les chances de la navigation deviennent très-hasardeuses, et plus d'un bâtiment est en vue du port qui ne peut y pénétrer ; il n'y a donc pas un moment à perdre pour ravitailler Alger. J'aurais pu sans doute provoquer de M. le maréchal l'autorisation de faire une troisième commande à la maison Seillière ; je dirai même, dans mon for intérieur, que ce serait le moyen le plus prompt, le plus simple, et peut-être aussi le plus économique ; mais l'opposition s'arme trop facilement de préventions pour que j'aie songé à donner le moindre embarras à votre administration. Que l'on fasse de Paris ce que l'on jugera de mieux, à la bonne heure.

C'est encore dans cet esprit ou en vue du même principe que j'ai provoqué du général en chef l'envoi à Marseille des laines, des cires et des plombs qui encombrent les maisons de la régence, en profitant pour ce déblaiement des navires nolisés par la maison Seillière, et que le département de la guerre doit payer en tout état de cause.

Par ce moyen, je dégage l'administration de l'armée d'une adjudication difficile, et je prouve, clair comme le jour, que rien ne sera ni occulte ni onéreux dans mon administration.

Nous pourrons aussi envoyer des grains par la même occasion, et si les bâtimens qui sont nolisés pour la deuxième commande ne suffisent pas, l'on profitera plus tard de ceux que V. Exc. destinera à l'envoi de nos approvisionnemens.

J'envoie copie de cette lettre à M. le baron Rey, intendant de la huitième division, dont l'expérience et la connaissance intime des localités du midi ne peuvent que très-utilement être mises à profit dans cette circonstance.

Cet objet est grave, il n'y a pas un instant à perdre.

Je rendrai compte à V. Exc. de la situation de nos établissemens.

J'ignore quelles sont les dispositions relatives à l'occupation, quelle sera la force de la division d'occupation ; mais, ces bases arrêtées, il faut avoir à Alger, toujours et pour toutes choses, de cinq à six mois d'approvisionnemens.

Il ne faut pas perdre de vue cette nécessité ; les magasins de la marine suffiront.

Quant aux fourrages, j'étudierai encore de plus près cette question ; mais, quant à présent, il faut faire usage des presses que nous avons à Arles.

L'intendant en chef,

Signé Baron Denniée.

A M. le maréchal commandant en chef.

MONSIEUR LE MARÉCHAL,

Conformément aux intentions que Votre Excellence m'a fait l'honneur de me manifester le 12 du mois de juillet, j'ai ordonné à l'agent de la maison Seillière de restreindre à 800 têtes de bœufs la commande de 2,000 qui lui avait été faite par le ministre de la guerre dans le courant de mars pour la seconde commande. Je m'abstiens de reproduire ici les objections que j'ai cru, dans l'intérêt du service, devoir faire; les ordres de Votre Excellence ont été exécutés, et, je dois le dire, l'agent de la maison Seillière, n'invoquant nullement son droit de livrer 2,000 bœufs, a sur-le-champ envoyé l'ordre partout de suspendre ses achats. Il est bien vrai qu'alors nous avions dans la plaine, sous la sauvegarde du bey de Titery, 1,400 bœufs, dont 800 ont malheureusement été enlevés par les Arabes, Bedouins ou Cabilles; en somme il n'existe aujourd'hui dans le port que 280 bœufs venus de Tunis et de Gibraltar, encore font-ils quarantaine.

Depuis que nos rapports avec la plaine et la montagne ont pris tout au moins un caractère équivoque; depuis les embarras du bey d'Oran, depuis que les Bédouins ou Cabilles sont venus piller les Maures jusque dans les montagnes de Boudjareat, j'ai vainement mis en campagne l'industrie du comité municipal, celle de M. Schneider, agent de la maison Seillière, et celle du juif Bachry, l'argent à la main. Aucune démarche n'est productive, et même si les émissaires achètent au loin 100 bœufs, 60 sont pillés par les Bédouins.

Le service va manquer.

Je dois ajouter que l'attitude du bey d'Oran a singulièrement refroidi M. Bachry. Il sait que le bey est investi par les Arabes et les Cabilles; espérons que la présence d'un régiment lui aura spontanément rendu l'autorité.

Ces circonstances me donnent avec raison lieu de redouter que l'adjudication, qui doit avoir lieu pour le service des vivres-viande à prix ferme la ration, ne soit point favorable aux intérêts du trésor, et que dans cette hypothèse il ne soit pas admissible.

Dans tous les cas, monsieur le maréchal, le pouvoir comme le devoir de l'intendant de l'armée sont paralysés, jusqu'à ce que l'autorité supérieure lui ait donné les moyens de succès dont il est désarmé.

Ira-t-on dans la Mitidja, l'argent à la main, appuyé par la force? Ce moyen est extrême.

Attendra-t-on la soumission des Cabilles? Elle sera lente et incertaine.

Ordonnera-t-on des achats à l'extérieur? A mon sens, il faut agir comme si nous ne pouvions rien obtenir du pays; ainsi, il est urgent d'envoyer un bateau à vapeur à Bonne, où la maison Seillière reprendra le cours de ses achats, faire suivre ce bateau à vapeur de quelques-uns de nos bateaux-écuries qui prendront leur chargement aussitôt leur arrivée à Bonne.

Sous peu de jours huit bâtimens, envoyés à Tanger, à Gibraltar et à Tetuan, reviendront à vide, parce que les contre-ordres ont empêché les achats. Ces bâtimens seront eux-mêmes envoyés à Bonne, les nolis étant payés, les bestiaux ne reviendront pas plus chers que ceux du pays, ou du moins fort peu de plus. On assurera un approvisionnement de vingt jours à l'avance, et quand bien même le pays devrait beaucoup fournir, et que la voie du marché par adjudication vînt à succès, il ne faudrait pas se plaindre, car le service de l'armée ne sera tranquillisant que lorsqu'on aura pour un mois et plus devant soi.

Je ne puis, monsieur le maréchal, qu'indiquer les moyens; à Votre Excellence seule appartient de donner le mouvement.

L'intendant en chef,

Signé Baron Dennié.

RAPPORT

A M. le maréchal commandant en chef.

Depuis l'époque des hostilités commises par les Arabes à Belida, il n'a plus été possible de faire, dans le pays occupé par l'armée, des achats de bestiaux en quantité suffisante pour assurer le service des vivres-viande. D'un autre côté, la maison Seillière ayant, d'après les ordres de Votre Excellence, interrompu ses achats au dehors, il en résulte qu'il n'existe plus d'approvisionnement, et que le service ne se fait que de la manière la plus précaire; c'est au point que deux fois déjà les distributions ont été sur le point de manquer, et qu'on n'est parvenu à les compléter qu'avec les plus grandes peines et en autorisant des fournitures de moutons.

Cet état de choses durera autant que les relations avec l'intérieur du pays ne seront pas rétablies sur un pied entièrement pacifique. Jusque-là le service de la viande sera toujours exposé à manquer, à moins qu'il ne soit confié à des spéculateurs du pays, qui, par leurs habitudes et leurs relations, seront toujours plus en état que des étrangers de se procurer des ressources suffisantes pour alimenter le service.

D'après ces considérations, l'intendant en chef est d'avis qu'il serait convenable, pour sortir de cette position critique, de traiter de la fourniture des vivres-viande par entreprise, à prix ferme la ration, et de tenter à cet effet la voie des adjudications publiques. Les Bachry et autres spéculateurs du pays ne manqueraient pas de se présenter comme concurrens, et il en résulterait à la fois plus de sécurité et plus d'économie. Ce mode, en ce qui concerne le service de la viande, serait préférable au mode d'achats à commission, qui, indépendamment de l'insuffisance de ses produits dans les circonstances présentes, échappe entièrement à l'action du contrôle dans ce pays. D'ailleurs, il ne s'agit ici que d'un essai, et à cet effet on proposerait de ne traiter que pour un terme très-limité, jusqu'à la fin de l'année, par exemple.

Si M. le maréchal approuve cette proposition, des avis seront publiés immédiatement, et une adjudication avec concurreuce et publicité pourra être faite de manière que l'entrepreneur, avec lequel on aurait traité, puisse entrer en exercice le 16 du courant. Cette adjudication se ferait dans le lieu des séances du comité central de la ville et par les soins d'une commission que l'on propose de composer de la manière suivante :

M. Bruguière, sous-intendant militaire, président;

Un membre du comité central parlant la langue française;

M. Breidt, directeur des subsistances;

Un officier d'état-major, qui sera désigné par M. le chef de l'état-major général.

Alger, le 3 août 1830.

L'intendant en chef,

Signé Baron Denniée.

RAPPORT

A M. le maréchal commandant en chef.

J'ai l'honneur de mettre sous les yeux de Votre Excellence un travail sur l'organisation à donner aux compagnies du train des équipages militaires destinées à faire partie de l'armée d'occupation d'Afrique.

Ce travail est divisé en quatre tableaux.

Le premier renferme le projet de la réorganisation, 1°. de la 4e. compagnie du train des équipages, voitures à quatre roues, à soixante-trois caissons attelés de quatre chevaux, plus deux forges à deux chevaux chacune, équivalant ensemble à un caisson à quatre chevaux. J'ai cru, en raison de la difficulté des chemins, devoir donner la préférence à ce système de voitures.

2°. Celui d'organisation de la 6e. compagnie à 398 mulets.

3°. Celui de la composition du cadre de la 1re. compagnie provisoire, forte de 23 hommes à 45.

4°. Enfin, celui d'organisation du détachement de la 1re. première compagnie d'ouvriers, réduite de 53 à 31.

Le tableau n°. 2 indique les pertes et les gains que devront faire les compagnies à réorganiser pour être dans les limites de leur nouvelle organisation.

Le tableau n°. 3 fait ressortir le nombre des hommes, chevaux, mulets et voitures qui, ne pouvant entrer dans la nouvelle organisation, sont, quant au personnel, à renvoyer en France, et, quant au matériel, à vendre ou à utiliser à d'autres usages.

Enfin, le quatrième tableau présente l'état nominatif des officiers proposés pour faire partie du corps des équipages à conserver en Afrique, et de ceux proposés pour être renvoyés en France.

Dans le nombre des caissons à conserver en Afrique, j'ai fait comprendre vingt caissons destinés à remplacer ceux qui deviendraient hors de service et qui seraient démolis pour être employés aux réparations.

J'ai l'honneur de proposer à Votre Excellence, conformément à mon rapport de ce jour, de m'autoriser à remettre au sieur Bachry, au fur et à mesure des désignations, et à titre de vente, au prix de 75 francs l'un, les 168 mulets et 268 chevaux, qui seraient susceptibles d'être envoyés en France si les frais de traversée et de nourriture ne devaient pas surpasser leur valeur réelle.

Les 41 chevaux, formant avec les 268 dont je propose la vente, l'excédant des besoins de l'armée d'occupation, sont ceux qui ont été reconnus susceptibles d'être utilisés pour le service de la cavalerie légère, et dont la remise pourra avoir lieu après qu'ils auront été reçus par le régiment des chasseurs d'Afrique.

J'ai enfin l'honneur de proposer à Votre Excellence d'affecter au service du régiment des chasseurs d'Afrique la forge qui se trouve en excédant des besoins des compagnies d'équipages militaires.

Si Votre Excellence approuve ces dispositions, l'effectif du train d'équipages en Afrique se composera comme il suit :

5 capitaines ;
9 lieutenans ;
5 sous-lieutenans ;
545 sous-officiers et soldats ;
82 chevaux de selle de troupe ;
280 chevaux de trait ;
398 mulets ;
83 caissons ;
6 forges ;

Alger, le 7 août 1830.

L'intendant en chef,
Signé Baron DENNIÉE.

Approuvé. *Signé* Comte DE BOURMONT

RAPPORT

A M. le maréchal commandant en chef.

Au moment où le misérable état de santé dans lequel je suis tombé me force de quitter l'armée, il est de mon devoir de rendre compte à Votre Excellence des dispositions que j'ai prises pour régulariser les opérations administratives de la campagne, et pourvoir de la manière la plus complète à tous les services de l'occupation d'Alger.

J'ai déjà, par des instructions données dans les différens services, prévu tout ce qu'il était nécessaire d'ordonner pour assurer leur exécution.

Ainsi, j'ai arrêté que tous les comptes antérieurs au 1er. août seraient établis et rendus d'urgence.

J'ai prescrit dans tous les services des inventaires de rigueur au 1er. août, et, par ce moyen, je pourrai, en ce qui concerne le service des vivres, établir une distinction tranchée entre les denrées de la première et de la seconde commande faites à la maison Seillière, afin de pouvoir apprécier les pertes éprouvées par suite du débarquement et des autres événemens de mer et de guerre.

J'ai réalisé l'établissement d'hôpitaux à Alger pour 1,550 malades, auxquels je proposais d'ajouter un hôpital d'officiers et un dépôt de convalescens pour 300 hommes.

J'ai fait connaître au ministre les besoins de l'armée, les difficultés de l'arrivage et du débarquement pendant l'hivernage, et j'ai demandé d'urgence l'envoi de France d'un approvisionnement en vivres calculé pour six mois, d'après l'effectif qui sera déterminé pour l'occupation.

Enfin, après avoir assuré le service de la viande par un marché à la ration, dont l'adjudication publique aura lieu le 15 août prochain, après avoir pourvu au service du campement, j'allais m'occuper de la réduction possible du personnel de l'intendance, des services administratifs, d'une nouvelle composition du service des équipages militaires en rapport avec les besoins de l'armée, et enfin des modifications dont me paraît susceptible le bataillon d'ouvriers d'administration.

Toutefois, je laisse les élémens de ces divers travaux, dont Votre Excellence a adopté les bases, au sous-intendant militaire qui va me succéder dans la haute direction de l'administration de l'armée. Ainsi, tous les services sont assurés.

Deux mois et plus de vivres sont dans le port ou en magasin, une manutention de 35,000 rations édifiée par les soins de l'administration des hôpitaux, dont une partie construite par nous, pour 1,550 hommes; les vivres-viande assurés sous le double rapport de l'intérieur ou de l'extérieur (il existe aujourd'hui au parc plus de 600 têtes de bestiaux) : enfin, des équipages militaires convenablement réduits et dans le meilleur état, et, pour compléter ce système, une réorganisation bien entendue du bataillon des ouvriers.

Toutefois j'ajouterai que tout ce personnel est fatigué, et que la sollicitude du gouvernement le doit porter à le renouveler partiellement et successivement.

Le personnel de l'intendance, tel qu'il est organisé, sera surabondant du moment où les troupes seront concentrées ; car, à bien dire, le service d'Alger ne sera plus qu'un service de place, et dès lors plusieurs fonctionnaires pourront être renvoyés en France et mis à la disposition du ministre.

N. B. (*Suit le détail du personnel, etc.*)

Alger, 9 août 1830.

L'intendant en chef,

Signé Baron Denniée.

Extrait d'une note adressée au ministère de la guerre, sur la justification des consommations

Le débarquement opéré (et l'on sait les obstacles qu'il éprouva, particulièrement les 19 et 26 juin), des marins et des corvées de l'armée de terre, aidés par nos équipages militaires, transportaient dans le camp les denrées en les amoncelant, selon leur nature, sur des emplacemens désignés, ainsi que cela avait été médité avant le départ, par de petits drapeaux de couleurs variées.

Pendant que toutes ces choses se pratiquaient, il fallait pourvoir aux consommations journalières, continuer la construction des fours, etc., etc. Or, ici, ce serait démence que de demander si dans ce conflit et dans ce moment on faisait des procès-verbaux de réception et des emmagasinemens réguliers, et enfin si l'on constatait des pertes ignorées dont une partie avait disparu sous les eaux.

La seule, l'unique mesure à prendre pour établir un contrôle certain, était : 1° de veiller à la conservation des denrées en faisant entourer le lieu qui les recélait d'un fossé, et en plaçant des sentinelles sur toutes les faces du carré (ce qui eut lieu).

2°. De n'enlever aucune espèce d'approvisionnement, pour aller au loin, que sur des feuilles de voitures régulièrement établies, et enfin de ne faire aucune distribution que sur des bons correctement établis.

Au moyen de ces précautions, seules garanties raisonnables, le temps seul pouvait éclairer sur la nature des pertes, et ce ne devait être qu'alors (que la consommation totale aurait eu lieu) que l'on pouvait connaître les résultats du débarquement.

C'est ainsi que l'on a traité la question du contrôle dans un rapport du 25 juin au ministre de la guerre.

Le 5 juillet, l'armée ayant pénétré dans Alger, la translation des vivres devenait d'autant plus pénible que le trajet par terre était plus long et plus difficile. Le 26, la marine, par son concours, avait opéré presque en totalité cette translation dans la baie d'Alger, et l'emmagasinement de ces mêmes denrées attestait qu'après quarante-six jours de consommation il existait encore une fraction des approvisionnemens de la première commande reçue à Marseille, commande qui était, comme on le sait, de soixante jours.

C'est alors que l'intendant en chef prescrivit de faire l'inventaire de toutes les denrées existantes au premier du mois d'août, parce qu'alors non-seulement cet inventaire devenait facile puisque les denrées étaient en petite quantité, mais aussi parce qu'il importait de scinder tout ce qui appartenait à la première commande, des produits de la deuxième, qui se trouvait à cette époque dans la baie d'Alger chargée sur quarante-huit bâtimens du commerce.

C'est donc seulement le résultat des inventaires qui pouvait mettre à même de donner une situation vraie des magasins, et, plus tôt, toute espèce de renseignement aurait été erronée. Il suffisait que les rapports de l'intendant en chef dissent, et ils disaient : nous vivons sur les produits de la première commande, et nous vivrons au delà du 1er. août ; les situations adressées par le chef de l'état-major général présentaient toujours un tableau qui, sans être un document comptable, était l'expression de la vérité et indiquait le nombre de jours pendant lesquels la subsistance de l'armée était assurée.

Une fois l'inventaire établi, les situations se sont grossis chaque jour de l'importance des réceptions régulières de la deuxième commande.

L'intendant en chef a laissé le soin de terminer la totalisation de juin et de juillet au directeur des vivres. Le produit de ces totalisations, joint au produit de l'inventaire au 1er. août, donnera le chiffre exact de tout ce qui a été débarqué, ou plutôt de tout ce qui a été soustrait aux chances du débarquement, aux pertes et aux avaries de toute espèce sur la première commande.

Extrait du rapport fait à la commission de gouvernement sur les revenus de la ville et de la régence d'Alger, par les interprètes de l'armée, MM. Vincent et Eusèbe de Salle.

Les tableaux qui font la base de notre rapport, et qui y sont joints, sont au nombre de deux. Le premier renferme les créances du beylick ou de la régence algérienne. Ces créances se montent à la somme de 385,873 boudjoux, et une pataque chique.

Le second tableau, beaucoup plus considérable, est intitulé : Revenus réguliers du beylick, tributs, redevances, loyers de propriétés.

Le tableau des créances n'a que treize articles principaux, marqués par autant de chiffres. Celui des revenus en a soixante-dix. Les lettres majuscules et d'autres chiffres plus petits, qui accompagnent ces alinéas en titre courant, sont la répétition des lettres et chiffres que nous avons semés dans les registres au fur et à mesure de notre examen. Ces repères nous ont semblé commodes pour établir la concordance de la copie avec les originaux.

Vous ne verrez figurer dans le tableau des revenus, ni les tributs auxquels s'étaient soumises beaucoup de puissances européennes, ni celui que la France payait pour la pêche du corail. Nous n'avons pu retrouver les pièces officielles qui y ont rapport. (On les a retrouvées depuis.)

L'inconvénient n'est pas grand, puisque notre conquête annule à jamais ces tributs, et que d'ailleurs c'était un revenu en dehors de la régence même. C'est des revenus de son propre territoire qu'il est intéressant de retrouver les traces. Ce sont ceux-là qu'il est important de réaliser et de compter.

Messieurs, nous avons presque honte de le dire, ces revenus ne se montent qu'à 378,376 boudjoux. Multipliée par 1,80 pour en faire des francs et des centimes, cette somme ne s'élève pas à 700 mille francs.

Le registre de la douane n'avait depuis trois ans que des pages blanches ; le blocus du port avait complétement tari la source de ce revenu.

Ce revenu, si mince sur le papier, sera-t-il au moins intégralement versé dans les coffres. Nous sommes forcés de dire que nous ne l'espérons pas. Le tableau des créances du beylick vous prouvera à quel point les rentrées étaient inexactes. Les plus fortes contributions, la moitié du revenu total, provient des redevances des grands vassaux. Or, depuis plusieurs années, ces potentats étaient dans l'impossibilité de payer. Il a fallu, pour pouvoir compter sur leur fidélité et la coopération de leurs troupes, que le dey d'Alger leur prêtât des sommes énormes. Il y avait beaucoup de créanciers moins considérables, mais aussi moins solides que ceux-là. Leur nombre doit s'être prodigieusement accru depuis que le pays a changé de maître. Des centaines de maisons, de boutiques, d'auberges, d'usines, propriétés du beylick, étaient louées à des individus simplement désignés par leurs noms ou celui de leurs castes. Admettons que la propriété soit assez exactement décrite pour qu'on soit sûr de la retrouver après le désordre d'une guerre, après le percement de plusieurs rues neuves, et dans une ville où les rues n'ont pas de nom, les maisons de numéro; mais où trouver les locataires? la plupart étaient Turcs. Ceux-là sont aujourd'hui exilés volontaires ou forcés; beaucoup de Maures ont fui. Les Juifs seront probablement les seuls qui répondront tous à l'appel; mais avec leur pauvreté apparente ou réelle, et avec leur stricte économie, ceux-là s'étaient arrangés pour n'être concessionnaires ou locataires que des objets de la plus petite valeur. S'il plaît à Dieu, le fonds restant, on pourra plus tard l'affermer plus solidement et à des taux plus élevés, mais on n'en aura pas moins perdu les rentes d'un ou de plusieurs quartiers.

Il devient curieux, en additionnant nos mécomptes et en songeant que le dey les a, pour la plupart, éprouvés comme nous, de chercher avec quelles ressources il a pu faire face aux dépenses de son beylick et d'une guerre presque continuelle. Il est bien connu que ces dépenses étaient en temps ordinaire doubles de ses revenus.

Une partie du problème se trouve résolue par ce que nous avons déjà dit des moyens odieux par lesquels les potentats musulmans savaient se procurer de l'argent. Depuis que la mer ne fournissait plus ni douanes, ni prises, un redoublement de confiscations et d'avanies était devenu un casuel supplémentaire. Il semble, par le nombre immense des propriétés du beylick que nous avons eu à enregistrer, que ce fût leur fonds et non leur rente qui constituât les revenus du pacha ! Le sauvage abattait l'arbre, dans l'impatience d'en cueillir les fruits : les têtes et les propriétés étaient en coupes réglées.

Enfin, comme dernière ressource, restaient le trésor public et son trésor privé. Il est permis de croire que celui-ci était moins riche que le premier; aussi y aura-t-il puisé plus tard et avec modération; mais le trésor public, accumulé depuis longues années pour un cas extraordinaire, était largement saigné. La piraterie l'avait rempli; il se vidait au service des pirates relégués à terre.

Les Maures, pour qui sa richesse était devenue un terme proverbial de comparaison, exprimaient avec leur imagination orientale les changemens que ce trésor avait éprouvés pendant ces dernières années :

« Dans le puits de Hussein, nous ont-ils dit » cent fois, l'or coulait jadis par-dessus la mar- » gelle; ensuite il a fallu pencher le corps et bien » enfoncer la main pour y puiser. Enfin, dernière- » ment, on n'y pouvait atteindre qu'avec le se- » cours d'une échelle. »

Il la fallait longue, nos commissaires en ont acquis la triste conviction. Ces hommes honorables n'ont certes pas besoin des conjectures que nous faisons ici sur le passé du trésor algérien ; mais nous n'en éprouvons pas moins quelque satisfaction à faire ressortir la concordance de nos inductions avec les faits, et surtout avec l'opinion des gens du pays, juges plus immédiats et ce semble plus compétens en pareille matière que les Européens.

Le rapporteur,
Eusèbe de Sallé.

TABLE

DES MATIERES.

FIN DE LA TABLE DES MATIÈRES.

www.ingramcontent.com/pod-product-compliance
Ingram Content Group UK Ltd.
Pitfield, Milton Keynes, MK11 3LW, UK
UKHW022047190726
13855UKWH00002B/427